Reiseführer

W0171757

Lanzarote

**Strände · Naturschönheiten · Museen · Kirchen
Ausflüge · Dörfer · Hotels · Restaurants**

Die Top Tipps führen Sie zu den Highlights

von Nana Claudia Nenzel

☐ Intro

☐ Unterwegs

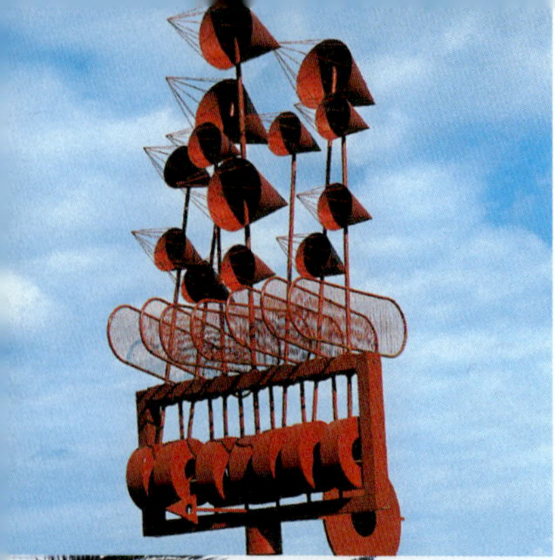

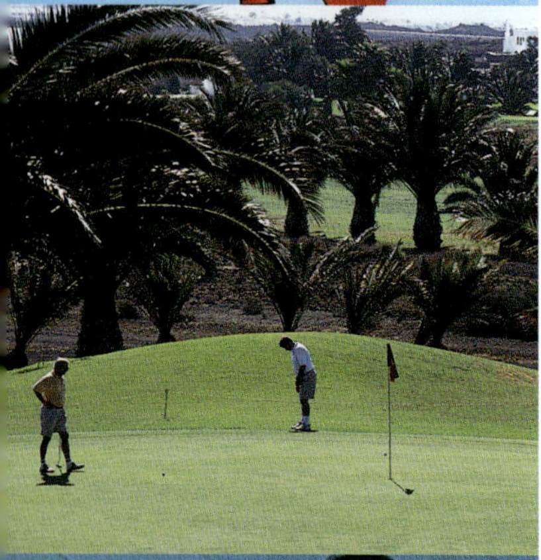

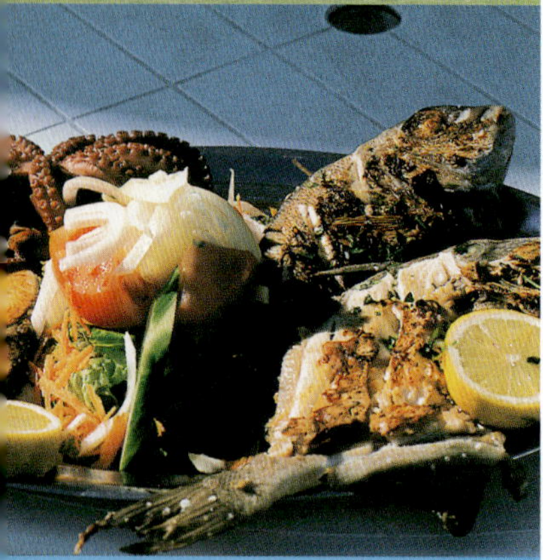

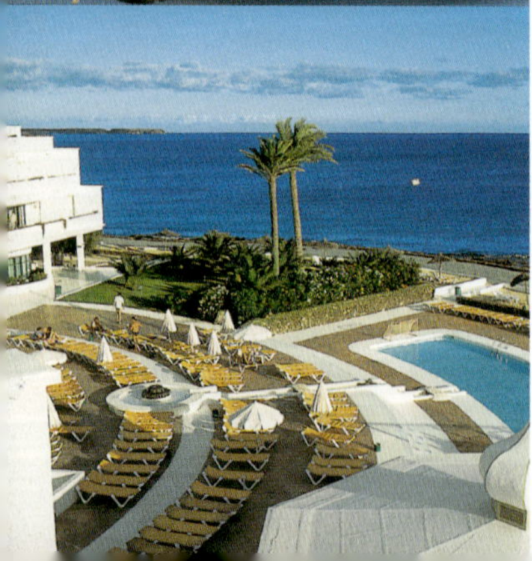

☐ Service

Leserforum

Die Meinung unserer Leserinnen und Leser ist
wichtig, daher freuen wir uns von Ihnen zu hören.
Wenn Ihnen dieser Reiseführer gefällt, wenn Sie
Hinweise zu den Inhalten haben – Ergänzungs-
und Verbesserungsvorschläge, Tipps und Korrek-
turen –, dann kontaktieren Sie uns bitte:

Redaktion ADAC Reiseführer
Travel House Media GmbH
Grillparzerstr. 12, 81675 München
adac.reisefuehrer@travel-house-media.de

Lanzarote Impressionen
Aufregende Vulkaninsel

Urlaub in Spanien oder Urlaub in Afrika? Wer sich nicht entscheiden kann, muss es auch nicht – schließlich gibt es die Kanarischen Inseln. 150 km vor der Küste Marokkos liegt Lanzarote, die viertgrößte und nördlichste Insel des Archipels. Fast 60 km lang, 20 km breit und mit den vorgelagerten Inseln etwa 845 km² groß, entstand Lanzarote vor über 36 Millionen Jahren bei unterseeischen Vulkanausbrüchen. Zusammen mit den Eruptionen in jüngerer Zeit gaben sie der Insel ihr markantes Aussehen.

Da beeindrucken Mondlandschaften mit grünen Weinreben in pechschwarzem Lavaboden und Vulkangrotten wie die **Jameos del Agua**, die der auf Lanzarote geborene Künstler **César Manrique** in einen Touristenmagneten verwandelt hat. Da staunt man in der Sandwüste **El Jable**, wie die hiesigen Bauern den Sandboden noch in Ackerboden verwandeln konnten, und wird fast ehrfürchtig beim Anblick der **Montañas del Fuego**, den Feuerbergen im Timanfaya-Nationalpark, die im Sonnenlicht noch immer in den Farben der glühenden Magma schimmern, aus denen sie einst entstanden.

Gut ausgebaute Straßen führen in blitzsaubere Orte mit strahlend weißen Häusern, die einen grandiosen Kontrast zum schwarzen Vulkangestein bilden, zu fantastischen Aussichtspunkten und immer wieder an meistens helle, zum größten Teil sehr schöne lange Strände. Vor allem Familien mit Kindern können hier wunderbar Faulenzerferien machen oder sich je nach Gusto etwas aus dem bunten Animationsangebot herauspicken, das vom Dromedarausritt bis zum Surfen oder Paragliding reicht. Denn mit seinen starken Winden ist Lanzarote ein wahres Dorado für Aktivurlauber, die sich richtig austoben möchten. Fast ständig weht der Wind und sorgt in den Sommermonaten stets für eine angenehme Brise.

Dank des milden Klimas mit fast durchgehend angenehmen Luft- und Wassertemperaturen fühlen sich die Urlaubsgäste das ganze Jahr über wohl hier – nicht umsonst werden die Kanaren als Inseln des ewigen Frühlings bezeichnet.

Und die Gäste entdecken vieles: In **Arrecife** moderne Kunst und das alte Castillo und in **Casas de El Golfo** die vielleicht herrlichsten Sonnenuntergänge Lanzarotes. **Puerto del Carmen** lockt mit langen Stränden und zahlreichen Hotels, vielen Bars, Restaurants und Geschäften, **Teguise** mit seiner denkmalgeschützten Altstadt. Sie besuchen das Tal der 1000 Palmen bei **Haría** – und natürlich **La Graciosa**, das kleine Inseljuwel im Nordwesten Lanzarotes.

Biosphären-Reservat und Urlaubsparadies

Im Jahr 1993 wurde Lanzarote von der UNESCO zum Biosphären-Reservat erklärt. Das sind Lebensräume, in denen Mensch und Natur noch miteinander in Einklang stehen und »die Voraussetzungen für eine behutsame Weiterentwicklung in besonderem Maß« gegeben sind. Der Titel verpflichtet fortzusetzen, was Manrique bis zu seinem Tod 1992 als sein Lebenswerk angesehen hat: Lanzarote vor Umweltsünden zu bewahren, es mit einheimischen Pflanzen zu verschönern und die inseltypische Architektur zu erhalten, die geprägt ist durch die Farben Weiß, Grün und Blau.

Die Qualität des Meerwassers wird ständig geprüft und gilt als gut. Die Strände in den Urlaubszentren verfügen über die notwendige Infrastruktur und werden täglich gereinigt, ja umgeharkt, um noch die letzte Verunreinigung zu beseitigen. Einigen Stränden wird deshalb schon seit Jahren die Blaue Europa-Flagge

Links: Traditionelle Inselarchitektur –
weiße Kuben mit grünen Türen
Oben: Die Feuerberge von Lanzarote –
eine Landschaft von karger Schönheit
Unten: Fantasievolle Verkleidungen tragen
die Einwohnerinnen und Einwohner zum
Karneval und am Aschermittwoch in Arrecife

verliehen, die immer wieder neu ›verdient‹ werden muss. Große Teile Lanzarotes mit seinen mehr als 100 Vulkanen und mindestens 300 Kratern stehen unter **Naturschutz**, darunter der Monte Corona, die Ajaches, die Steilküste von Famara und die Reserva Marina um La Graciosa. Besonders streng geschützt ist der Nationalpark Timanfaya mit seinen Feuerbergen.

Außerdem erfolgt die touristische Erschließung der Insel territorial begrenzt und richtet sich nach einem genau festgelegten Bebauungsplan. So gibt es hier nur wenige Bausünden, die das Auge stören. Zu diesen zählen das berühmt-berüchtigte 17-stöckige *Gran Hotel* von Arrecife, ein Schwarzbau aus alten Tagen, der inzwischen etwas gefälliger gestaltet wurde, und die ziemlich aus den Fugen geratenen Hotelkomplexe der Costa Teguise.

Lanzarote ist die trockenste der Kanarischen Inseln, es regnet extrem wenig, und auch der Entsalzungsprozess des Meerwassers ist sehr teuer, sodass Wasser auf der Insel ein kostbares Gut darstellt. Daran sollten auch Urlauber beim Duschen denken. Die Qualität des dem Meer entnommenen und entsalzten Trinkwassers ist hervorragend, dennoch empfehlen Hoteliers und Reiseveranstalter, Mineralwasser zu trinken, weil das in Tanks gelagerte und über ein weit verzweigtes Leitungssystem fließende Wasser per Gesetz gechlort werden muss. Um die üppig blühenden Gärten der Hotels und die öffentlichen Anlagen gießen zu können, wird Brauchwasser auf hohem Standard geklärt. Manche Ferienkomplexe besitzen zu diesem Zweck eigene Anla-

Gastfreundliches Lanzarote

Lanzaroteños fallen den Touristen nicht gleich um den Hals – dazu sind sie viel zu selbstbewusst –, aber sie lassen sie gerne teilhaben an ihren Traditionen. Soweit diese sich auf die Urbevölkerung, die Guanchen, bezogen, unterlagen sie in der Franco-Ära stärkster Kontrolle, doch die Bevölkerung ließ sich dadurch die Freude an Musik, Tanz und Prozessionen nicht nehmen. Ihre Begeisterung für das Brauchtum wird noch heute deutlich, z. B. in den Festlichkeiten für die Virgen del Carmen, die Schutzheilige der Fischer und Seefahrer, in Arrecife, Teguise oder auf der Insel La Graciosa. Eine feste Größe im Inselleben ist zudem der von den Guanchen ›geerbte‹ Ringkampf, die *Lucha Canaria*. Fast jedes Dorf auf der Insel hat dafür seinen *Terrero*, seine Arena.

Großer Beliebtheit auf den gesamten Kanarischen Inseln, so auch auf Lanzarote, erfreut sich mittlerweile der **Turismo Rural**, was sich am besten mit ›Ferien auf dem Land‹ übersetzen lässt. Wer also abseits der großen Tourismuszentren wie z. B. Puerto del Carmen oder Costa Teguise entspannen möchte, findet inzwischen überall auf der Insel eine Auswahl an alten Herrensitzen, die zu kleinen Hotels umgebaut wurden.

gen, um die Kosten niedrig zu halten. Für einen Teil der Energie sorgt der schon erwähnte ewige Wind auf der Insel, der etwa die riesigen Rotoren des *Parque Eólico* in Bewegung setzt. Doch damit wird noch lange nicht genug Strom für die Einwohner und Touristen produziert, weshalb man weiterhin auf die nicht gerade umweltfreundlichen Dieselaggregate zurückgreifen muss.

Links oben: *Mit hellen Sandstränden lockt Playa Blanca im Südwesten Lanzarotes*
Links unten: *Schmucke Holzbalkone zieren Teguises Häuser*
Unten: *Mindestens einen Tagesausflug wert ist Lanzarotes Nachbarinsel La Graciosa*

Auch die **Küche** Lanzarotes kann sich sehen lassen: Viele Köche haben es verstanden, die bäuerlich-schwere Kost ihrer Ahnen mit frischem Gemüse und vielen Kräutern in eine schmackhafte leichte zu verwandeln. Gar köstlich munden nicht nur *Tapas*, sondern auch die *Papas arrugadas*, die kleinen schwarzen Runzelkartoffeln in Salzkruste, die mit Schale gegessen und in würzig-scharfe Saucen

(*Mojos*) getaucht werden. Sie werden gern zu rustikalen Fleischgerichten wie Zicklein (*Cabrito*) und Lamm (*Cordero*) gereicht.

Die meisten Hotels bieten inzwischen reichlich Essen an, vorwiegend in Form von Büffets, an denen man zwischen einheimischer und spanisch-internationaler Kost wählen kann. Unbedingt zu empfehlen sind auch die hervorragenden Fischrestaurants der kleinen Küstenorte, etwa in **El Golfo** im Südwesten oder in **Orzola** ganz im Norden, wo man sich den frischen Fisch oder die Meeresfrüchte im wahrsten Sinne des Wortes auf der Zunge zergehen lassen sollte.

Wirtschaft und Geschichte

Wenig freundlich ging die Natur mit den Einwohnern Lanzarotes um. Zweimal mussten sie ihre Landwirtschaft umstellen, weil große Teile der Insel bei Vulkanausbrüchen, zuletzt 1824, von Lavaschlacken und -asche bedeckt wurden. Die Einheimischen lernten jedoch, das Beste daraus zu machen, indem sie fortan beispielsweise die Stöcke ihres berühmten und früher vor allem am englischen Hofe

Links: *Wie von einem grünen Schleier überzogen wirkt die Lavalandschaft bei Haría nach einem Winterregen*
Links unten: *Üppige Tapas für den großen Hunger zwischendurch*
Oben: *Dromedare, früher Helfer der Landwirte, ›schaukeln‹ heute Touristen am Rande des Timanfaya-Nationalparks entlang*
Unten: *Fantasievolle Hotelarchitektur – das ›Timanfaya Palace‹ in Playa Blanca*

hoch geschätzten **Malvasía-Weines** in tiefe Vulkanasche-Trichter setzten, damit die Wurzeln möglichst schnell an den Humus gelangten und die Triebe windgeschützt waren. Im Jahr 1872 vernichteten Rebkrankheiten wie der Faulschimmel und der Mehltau die Existenzgrundlage vieler Inselbewohner. Auch die Zucht von **Koschenille-Schildläusen** konnte den wirtschaftlichen Niedergang nicht auf Dauer aufhalten. Die Tierchen ernähren sich vom Saft der Feigenkakteen (Opuntien) und waren bis zur Entwicklung der Anilinfarben um 1900 die wichtigste Quelle für roten Farbstoff.

Die Folge waren Auswanderungswellen, die erst mit Einsetzen des **Tourismus** Anfang der 1970er-Jahre und dem damit zusammenhängenden Aufschwung ein Ende hatten. Auch wenn noch immer viele Nahrungsmittel importiert werden müssen, konnte dank des Fremdenverkehrs sogar der einstmals bedeutendste Erwerbszweig, die **Landwirtschaft**, wieder erheblich ausgeweitet werden, z.B. durch den Anbau von Kartoffeln, Kichererbsen, Mais, Zwiebeln und Tomaten.

8 Tipps
für cleveres Reisen

1 Auf geheimen Pfaden

Mit dem Anbieter ›Lanzatrekk‹ lernt man die verschwiegenen Winkel Lanzarotes kennen, von denen manche selbst in den besten Wanderführern nicht verzeichnet sind. Gewandert wird in kleinen Gruppen (drei bis zwölf Personen). Im Angebot gibt es abgelegene, begehbare Pfade in den Feuerbergen, Streifzüge durch die Weinregion La Geria mit Verkostungen, Küstentouren, Inselüberquerungen oder eine Dünenwanderung auf La Graciosa. Die vier kenntnisreichen Führer sprechen alle Deutsch. *www.lanzatrekk.com*

2 Luxus-Camping in der Jurte

Glamour plus Camping ergibt ›Glamping‹. Diese Übernachtungen in gut ausgestatteten mongolischen Jurten bietet ›Lanzarote Retreats‹ in Arrieta (→ S. 51). Höchster Komfort wird dank Solarzellen und Windrädern ganz ökologisch angeboten. Eine Woche Luxus-Zeltschlaf ist ab rund 630 Euro zu haben. Eine besonders schöne Jurte für drei Personen wartet bei Tinajo (→ S. 91) in der ›Villa Amatista‹ auf Besucher. Obst und Gemüse liefert der hauseigene Biogarten. *www.lanzaroteretreats.com, www.villa-amatista.com*

3 Preisverdächtiger Ziegenkäse

Ziegenkäse ist auf Lanzarote eine echte Spezialität. Auch bei internationalen Wettbewerben räumen die schmackhaften Bioprodukte regelmäßig Preise ab. Am sympathischsten ist die kleine ›Quesería Rubicón‹ in Femés (→ S. 114), deren Milchlieferanten fröhlich meckernd Ginster und Wolfsmilchgewächse abrupfen. Als Mitbringsel eignet sich besonders der harte und pikante ›Viejo‹. *Plaza San Marcial, Femés, Mo–Sa 10–20, So 10–15 Uhr*

4 Kunsthandwerk am Samstag

Das Handwerkszentrum ›Taller Municipal de Artesanía‹ in Haría (➜ S. 74) hat zwar täglich geöffnet, doch empfiehlt es sich, den Besuch auf einen Samstag zu legen, denn dann findet auf der Plaza de la Constitución der ›Mercadillo de Haría‹ statt (➜ S. 76), ein Markt, zu dem Kunsthandwerker aus ganz Lanzarote kommen. Besonders die nach alter Tradition hergestellten Stickereien und Umhänge, auf anderen Straßenmärkten meist nur billige Industrieware aus Asien, lohnen den Kauf. Auch leckere Lebensmittel sind im Angebot.

Grüner Schatz aus den Tiefen der Erde 5

Olivin heißt das oliv- bis flaschengrüne, eisenhaltige Mineral aus dem Erdmantel, das man am Strand von El Golfo findet. Verzichten Sie bitte auf das Sammeln der kleinen Steinchen, da die gesamte Insel als Biosphärenreservat unter Schutz steht. Auch die losen, an Souvenirständen der Westküste zu findenden Mitbringsel werden illegal angeboten. Die Steine des sehr schönen Olivin-Schmucks in den Läden der Insel hingegen stammen aus Südamerika, und deren Ausfuhr ist legal.

6 Schöner Wohnen auf dem Land

›Turismo Rural‹ wird als Alternative zu den Bettenburgen der Touristenzentren immer beliebter. In den liebevoll restaurierten, über 200 Jahre alten Landhäusern schläft man in der Regel nicht nur preiswerter als in Hotels, sondern auch authentischer. Allerdings braucht man einen Mietwagen. Besonders originell ist das Angebot von ›Villas Rurales‹ in Los Valles (➜ S. 80). So wurde die Casa ›El Aljibe‹ komplett in eine riesige Zisterne gebaut und bietet Pool und Jacuzzi vom Feinsten. *www.rural-villas.com*

Ritt auf der perfekten Welle 7

Surfkurse für Frauen und Mädchen in kleinen Gruppen und auf allen Levels inklusive Unterkunft bieten die ›WaveSisters‹ Birgit und Julika in in ihrem ›Surfcamp for Girls‹ in La Caleta de Famara (➜ S. 82) an. Die perfekte Welle gibt es hier im Winter, zwischen Oktober und April. Nach dem Surfen können die Teilnehmerinnen beim gemeinsamen Yoga entspannen. Auch für Kinderbetreuung wird gesorgt. *www.wavesisters.com*

8 Betrügerische Angebote

Auch auf Lanzarote übertölpeln ›Verkäufer‹ mit ihren Tricks ahnungslose Urlauber. Das Geschäft mit ›Timesharing-Apartments‹ läuft nicht mehr so recht, also hat man ›Holiday Clubs‹ erfunden. Eine Mitgliedschaft soll Ihnen nach einer ersten Anzahlung jede Menge Vergünstigungen bei Unterkünften, Autovermietungen etc. bringen. Vergessen Sie es: Die versprochenen Rabatte sind unseriös und die Clubs über Nacht verschwunden!

8 Tipps
für die ganze Familie

1 Meereswelt zum Anfassen

Im ›Acuario de Lanzarote‹ (→ S. 32), dem mit 33 Becken größten Aquarium der Kanaren, können Kinder auf die Suche nach Clownfisch Nemo und seinen vielen bunten Freunden gehen. Besonders aufregend ist der Unterwassertunnel mit Haien und Rochen. Einige Meeresbewohner darf man sogar anfassen. *Centro Commercial El Trébol, Avenida Las Acacias s/n, Costa Teguise, Tel. 928 59 00 69, tgl. 10–18 Uhr, Erwachsene rund 12,50, Kinder (4–12 Jahre) rund 8 Euro, www.aquariumlanzarote.com*

2 Landidyll für kleine Farmer

Die ›Finca Las Pardelas‹ im Norden von Lanzarote, unweit des Fischerstädtchens Órzola (→ S. 58), bietet viele Angebote für Kinder. Hier können die Sprösslinge Tiere streicheln, töpfern, auf Eseln reiten (rund 3,50 Euro extra) und auf dem großen Spielplatz toben. *1 km südlich von Órzola an der Straße nach Yé, Tel. 928 84 25 45, Frühling/Sommer tgl. 10–19, Herbst/Winter bis 18 Uhr, Erwachsene rund 4,50, Kinder (bis 15 Jahre) rund 3,50 Euro, www.pardelas-park.com*

3 Wie ein Fisch im Wasser

Im Hotel ›H10 Rubicon Palace‹ im Norden von Playa Blanca (→ S. 109) bietet die ›Dawn Dives Academy‹ Kindern die Möglichkeit, die Welt unter Wasser kennenzulernen. Die PADI-Kurse ›Bubblemaker‹ (2 Stunden, rund 50 Euro) und ›SealTeam‹ mit fünf ›Aqua Missions‹ (rund 150 Euro) können schon Wasserratten ab 8 Jahren belegen. Ab 10 Jahren dürfen Kinder an den PADI-Junior-Programmen ›Junior Scuba Diver‹ und ›Open Water Diver‹ teilnehmen. *Playa Blanca, Tel. 928 51 72 30, www.dawndiveslanzarote.com*

Bunte Vögel und ihre Tricks 4

Tukane, Marabus, Flamingos und viele andere seltene exotische Vögel haben im ›Guinate Tropical Park‹ (→ S. 71) eine neue Heimat gefunden. Manche fliegen frei in großen Volieren herum. Papageien und Kakadus präsentieren stündlich ihre Kunststücke. Ein weiteres Highlight ist die tägliche Fütterung der Pinguine zur Mittagszeit. *Majadita 14, Guinate, Tel. 928 83 55 00, tgl. 10–17 Uhr, Erwachsene rund 15 Euro, Kinder (4–13 Jahre) rund 9 Euro, www.guinatetropicalpark.com*

5 Rasanter Wasserspaß

Wenn der Hotelpool zu klein und das Meer zu langweilig oder zu salzig ist, zieht es Kinder geradezu magisch in das Süßwasserfreibad ›Aquapark‹ unterhalb der Golfanlage in Costa Teguise (→ S. 30). Für Adrenalinkicks sorgt die große Achterbahnrutsche. Auch für kleine Wasserratten ab 6 Jahren ist einiges geboten. Wermutstropfen: Eintritt und Preise sind nicht gerade billig. *Avenida del Golf, Parcela 315, Costa Teguise, Tel. 928 59 21 28, tgl. 10–18 Uhr (nur im Sommer geöffnet), Erwachsene rund 23 Euro, Kinder rund 16 Euro, Liegen rund 2,50 Euro, www.aquaparklanzarote.es*

Flinten, Säbel und Kanonen 6

Aus dem 16. Jahrhundert stammt das ›Castillo Santa Bárbara‹ (→ S. 45) in Teguise, eine mittelalterliche Festungsanlage. Heute zeigt darin das ›Museo de la Piratería‹ Schiffsmodelle, Flinten und Säbel. Auch gibt es Greifvogelvorführungen. *Montaña de Guanapay, Teguise, Tel. 928 84 50 01, tgl. 10–16 Uhr, Eintritt rund 3 Euro, www.museodelapirateria.com*

7 Abenteuer am Meeresgrund

Im Hafen von Puerto Calero (→ S. 118) liegt das gelbe Unterseeboot von ›Submarine Safaris‹, das mehrmal täglich ablegt, um bis zu 30 Meter tief zum Meeresgrund hinunterzutauchen. Durch Bullaugen kann man Fische und sogar kleine Wracks bestaunen. *Modulo C, Local 2, Puerto Calero, Tel. 928 51 28 98, Büro Mo–Sa 9–19 und So 10–18 Uhr, Erwachsene rund 55 Euro, Kinder rund 32 Euro, online günstiger, www.submarinesafaris.com*

8 Unterwegs auf dem Wüstenschiff

Das Dromedar hat nur einen Höcker, heißt aber in Spanien trotzdem ›Camello‹. Im Timanfaya-Nationalpark (→ S. 96) können Erwachsene und Kinder (ab 3 Jahren) auf diesen sanftmütigen Tieren reiten. Dabei sitzt man nicht direkt auf dem Rücken, sondern auf seitlich angebrachten Sitzen. Kleine Kinder dürfen aber auch mal direkt auf den Rücken, wenn ihre Eltern neben ihnen sitzen. *Echadero de Camellos, Carretera Yaiza–Tinajo (LZ 67) km 16,2, tgl. ab 9 Uhr bis Nachmittag (14–16 Uhr), Dauer 20 Minuten, rund 10 Euro pro Person*

Unterwegs

*Das denkmalgeschützte Teguise gehört zu den
beliebtesten Ausflugszielen Lanzarotes*

Arrecife und Umgebung – charmante Inselmetropole, Sommergewühl und Manrique-Heimat

Arrecife, die Hauptstadt Lanzarotes, blickt auf den bedeutendsten Hafen der Insel – und steht im ewigen Wettstreit mit der früheren Kapitale Teguise um die Rolle als **kulturelles Zentrum**. Das ehemals hässliche Entlein mit rund 55 000 Einwohnern – Gemeindegebiet bis Tahíche inbegriffen – hat sich zu einem fast strahlend weißen Schwan herausgeputzt. Vor allem der restaurierte **Charco** mit den alten Fischerhäusern steht ihm gut, ebenso das **Castillo de San Gabriel** auf der vorgelagerten Insel mit dem Archäologischen Museum. Viele Neubaugebiete sind im Halbkreis um die Stadt entstanden. Der Cabildo, die Inselregierung, residiert am westlichen Rand in einem aufwendigen Gebäude am Meer. In der nahen Umgebung Arrecifes liegt die **Costa Teguise**, ein beliebter und meist überfüllter Touristenmagnet. Und auch die **Fundación César Manrique**, einstiges Wohnhaus des Künstlers mit einer Kollektion seiner Werke, ist leicht zu erreichen.

1 Arrecife

Leicht verschlafen-provinzielle und doch liebenswürdig-einladende Inselkapitale.

Wie alle großen Städte der Kanaren besitzt auch Arrecife einen wichtigen Hafen für Kreuzfahrtschiffe und einen für die Fischfangflotte. Der Stadt vorgelagert sind mehrere kleine Inseln. Auf dem **Islote de San Gabriel** steht das dekorative gleichnamige Castillo, in dem das Archäologische Inselmuseum untergebracht ist und das von seiner Aussichtsterrasse einen schönen Blick bietet. Ein zweites Kastell, das Castillo de San José am östlichen Stadtrand, beherbergt das interessante Museum für Zeitgenössische Kunst.

Auch ein Badeort ist Arrecife, zumindest für die Einheimischen, die den langen, feinsandigen und goldgelben Strand Playa del Reducto entlang der westlichen Promenade zu schätzen wissen. Auch shoppen kann man hier: In der Haupteinkaufsstraße **Calle León y Castillo** findet man zwischen Boutiquen und Eisdielen, Reisebüros und Banken auch noch ein kleines historisches Kaufhaus, das Merca-

Das düstere Castillo de San Gabriel wurde im 16. Jh. zum Schutz gegen Piraten errichtet

dillo. Andere Straßenzüge der Innenstadt wie die Calle José Antonio sind dem **Nachtleben** vorbehalten. Wer eher Ruhe sucht, kann die Lagune Charco, die ›Pfütze‹, besuchen, an deren nördlichem Rand die Fischer wohnen. Hier ist man außer an den Flohmarkttagen (Mi und Do 9–14 Uhr) fast allein.

Die einzige echte Bausünde der Insel war das *Gran Hotel*, ein 17-stöckiges Hochhaus, das 1994 total ausbrannte. Nach langem Hin und Her wurde 2001 mit der Entkernung des Gebäudes begonnen, Mitte 2004 konnte das Hotel in neuem Look wieder eröffnet werden. Von den oberen Etagen sowie der Bar und dem Restaurant im Dachgeschoss bieten sich grandiose Ausblicke auf das Castillo de San Gabriel, den Stadtstrand und das Meer. Und Spaziergänger können den Turm als Wegweiser verwenden, wenn sie sich in den engen Gassen von Arrecife verirrt haben sollten.

Einen herrlichen Blick auf die gesamte historische **Wasserfront** mit z. T. recht ansprechend sanierten Gebäuden hat man vom Castillo de San Gabriel. Dahinter lugt die weiße Kuppel des Glockenturms hervor, der zur Pfarrkirche San Ginés gehört. Arrecife muss langsam entdeckt werden, denn es gibt mehr zu sehen, als der erste Blick vermuten lässt.

Geschichte Ihren **Namen** verdankt die im 15. Jh. als kleiner Hafen geborene Stadt den *Arrecifes*, schwarzen vulkanischen Riffs, hinter denen die Boote Schutz fanden. Doch gegen die Piratenübergriffe halfen sie wenig, sodass man zunächst in

Bei Einheimischen beliebt – die Playa del Reducto am Arrecife Gran Hotel

Arrecifes lebhafter Fischerhafen Puerto de Naos im Stadtteil Valterra

der Inselmitte *Teguise* gründete und zur Hauptstadt Lanzarotes erkor. Zu wachsen begann Arrecife Ende des 16. Jh., als Lagerhallen für den Handelsverkehr zwischen der Alten und der Neuen Welt sowie Wohnhäuser für die Hafenarbeiter und Angestellten errichtet wurden.

Es folgte der Bau einer Kirche, die man dem ersten Bischof Arrecifes, *San Ginés*, weihte. Kaum war das Hafenstädtchen derart ausgestattet, wurde es auch schon zum begehrten Ziel von Piraten. 1571 plünderte der berüchtigte Seeräuber *Dogan* den Ort und zerstörte ihn fast vollständig. Nur wenige Jahre später begannen auf der vorgelagerten Insel die Arbeiten am Castillo de San Gabriel, von dem man sich eine hohe Schutzfunktion versprach. Doch bereits 1586 landete der Pirat *Morato Arraez* mit seinen Mannen in der Stadt und machte ihr praktisch den Garaus. Infolgedessen erhielt 1599 der italienische Festungsbaumeister **Leonardo Torriani** von König Philipp II. den Auftrag, das Castillo mit mächtigen Wällen zu verstärken.

In dieser Form ist die Festung bis heute erhalten – mitsamt krönendem Glockentürmchen. Auch die schmale steinerne Zugbrücke, der *Puente de Las Bolas*, entstand damals. Eine spätere Zutat ist der befahrbare Damm, der *Puente de Las Palmas*. Das am nordöstlichen Stadtrand liegende, dem Hafen zugewandte *Castillo de San José* hingegen, so wird behauptet, sei 1771 auf Befehl König Karls III. nur als Arbeitsbeschaffungsmaßnahme entstanden [s. S. 26 f.].

1792 wurde als Teil des neuen Hafens der **Muelle de las Cebollas**, die ›Mole der Zwiebeln‹, weit ins Meer hinaus gebaut. Sie gewährte Schutz vor den Wellen des Atlantiks, und die Schiffe konnten direkt hier anlegen. Am 25. Juni 1798 wurde anlässlich der Eröffnung des Hafens die erste Messe in San Ginés zelebriert.

15 bis 20 Menschen sollen zur Zeit der Ortsgründung in Arrecife gelebt haben, 1766 zählte man 72. Bis 1848 aber wuchs der Ort auf 571 Häuser und 2363 Einwohner an. Doch erst 1852 wurde Arrecife schließlich – trotz der Proteste aus Teguise – zur Inselhauptstadt ernannt. Vom Charakter her ist es jedoch eine Hafenarbeiter- und Fischerstadt geblieben, mit nur wenigen einer Metropole würdigen Profan- und Sakralbauten. Von diesen hat das ältere Teguise [s. S. 38 ff.] umso mehr.

Besichtigung Wer mit dem Inselbus nach Arrecife fährt, steigt am besten an der Meerespromenade aus. Von dort erreicht man die Innenstadt recht schnell zu Fuß. Wer mit dem **Auto** kommt, kann dieses entweder noch im Außenbereich an der Promenade parken oder stadteinwärts in der unterhalb des Parque Islas Canarias gelegenen Tiefgarage mit ihren 800 Plätzen abstellen. Ins Zentrum sollte man mit dem PKW möglichst nicht fahren, denn einige Straßenzüge sind wochentags während der Geschäftszeiten für privaten Autoverkehr gesperrt. Zudem sind die Gassen der Altstadt eng, und es herrscht eine komplizierte Einbahnregelung. Zu guter Letzt darf man auf den wenigen vorhandenen Parkplätzen nur eine befristete Zeit stehen.

Vom Castillo de San Gabriel zur Iglesia San Ginés

Für einen Bummel durch Arrecife ist das im 16. Jh. errichtete kleine **Castillo de San Gabriel** ❶ mit seinen beiden den Eingang flankierenden Kanonen ein guter Ausgangspunkt. Von der Terrasse bietet sich gleich zur Einstimmung ein schöner Blick auf die Stadt. Die früher schon im Kastell ausgestellten Funde aus der Frühzeit der Insel und weitere Stücke sind nach modernen Erkenntnissen aufbereitet worden und im hier neu eingerichteten *Museo de Historia* (Tel. 928 80 28 84, Mo–Fr 10–17, Sa 10–14 Uhr) zu sehen.

Anschließend überquert man die Fußgängerbrücke **Puente de Las Bolas** ❷, die gleichzeitig mit dem Castillo gebaut wurde, und macht sich auf den Weg in die Stadt. Auch wenn das Schmiedeeisentor in der Mitte des Puente wieder einmal geschlossen sein sollte, eine Lücke gibt es immer, durch die man schlüpfen kann. Der Name ›Bolas‹ bezieht sich

übrigens auf die beiden großen Steinkugeln, die dieser Zugbrücke als Schmuck dienen.

Auf der anderen Seite angelangt, schlendert man ein Stück auf der Promenade in östlicher Richtung. Bald schon verleitet eine besonders harmonische, zweistöckige Fassade mit den typisch kanarischen Holzläden und -türen dazu, die Straße zu überqueren. Und schon steht man vor der **Casa de Los Arroyo** ❸ (Avenida Coll 3, Mo–Fr 8–15 Uhr, Eintritt frei), auch Casa del Coronel Armas oder Casa Béthencourt genannt. Leider kann man das kleine Museum über den in Arrecife geborenen Physiker *Blas Cabrera Felipe* (1878–1945) nicht mehr besichtigen, die Sammlungen wurden in ein Depot ausquartiert. Die Stadtverwaltung braucht immer mehr Platz und hat sich aller Räume des historischen Anwesens bemächtigt. Der Innenhof darf während der Bürostunden aber weiterhin bestaunt werden, auch finden regelmäßig Ausstellungen und Veranstaltungen zu verschiedenen Themen statt.

Das Haus wurde 1739 von Domingo A. de Armas Béthencourt, dem einstigen Militärgouverneur der Insel, und dessen Frau Barbara errichtet. Ihre Enkelin und Erbin, Bernarda de Armas y Cabrera, heiratete in die Arroyo-Familie ein – daher der offizielle Name der Casa. Schriftlichen

Die Fußgängerbrücke Puente de Las Bolas verbindet Stadt und Castillo de San Gabriel

Arrecifes schmuckes Stadtviertel – der restaurierte alte Fischerhafen Charco de San Ginés

Überlieferungen zufolge war das Anwesen früher noch viel größer und verfügte über Lagerhallen, eine Weinpresse, Ställe und zwei Küchen. Eine Überraschung bietet der Blick in den **Innenhof** des Hauses: Was von außen wie eine Einheit wirkt, entpuppt sich hier als kleines Gebäudekonglomerat mit zierlichen geschnitzten Holzbalkonen und Holztreppen. Über dem engen Patio hängt eine Art Holzkäfig, in dem man das früher unentbehrliche Kalksandsteinbecken für das Filtern von Trinkwasser entdecken kann. Im Obergeschoss, am Ende des Korridors, befindet sich auch noch eine kleine Kapelle.

Gleich hinter der Polizeistation taucht jenseits der schmalen Calle Miranda, die den Blick auf den Kirchturm von San Ginés freigibt, der **Ayuntamiento** 4 (Avenida Vargas 1, Tel. 928 81 27 50, www.arrecife.es) auf, das 1998 fertiggestellte Rathaus von Arrecife. Der Bau mit seinen zwei oktogonalen Ecktürmen und den hölzernen Laternen an der Spitze wurde erstaunlich gelungen in die alten Gassen integriert. Und sogar der alte Markt, **La**

Ruheplätzchen – die Plaza de las Palmas vor Arrecifes Pfarrkirche San Ginés

Recova genannt (Mo–Sa 8– 13 Uhr), wurde, von kleinen Läden umgeben, in den Rathauskomplex einbezogen. Jenseits der engen Gasse findet, ebenfalls wochentags, der kleine Fischmarkt in der **Pescaderia Municipal** (8–12 Uhr) statt.

Trotz häufig starkem Verkehrsaufkommen in der Innenstadt kann es sehr vergnüglich sein, durch die Sträßchen hinter dem Rathaus zu schlendern. Jedenfalls ist die Haupt- und Pfarrkirche von Arrecife, die **Iglesia San Ginés** 5 (Plaza de las Palmas 1, Tel. 928 81 13 96, www.diocesis decanarias.es, tgl. 9–13 und 17–20 Uhr), schnell erreicht. Das aus einer kleinen *Kapelle* des 17. Jh. hervorgegangene Gotteshaus bekam erst Ende des 18. Jh. sein heutiges Aussehen. Schlicht sind die beiden Nebenportale, etwas aufwendiger präsentiert sich das von dunklen Vulkansteinen gerahmte **Hauptportal** mit dem Rundbogenfenster darüber. Rechts streckt sich der weiße **Glockenturm** mit seiner kleinen achteckigen Kuppel auf hohem Tambour und der winzigen Laterne in den meist blauen Himmel. Die Kanten des Turms sind mit grauschwarzen Lavasteinen abgesetzt und geben damit der Stadtsilhouette eine besondere Note.

Das *Innere* des dreischiffigen Gotteshauses beeindruckt durch seine Breite sowie die dunkle, holzgeschnitzte Decke im Mudéjar-Stil. Das Mittelschiff öffnet sich mit fast raumhohen Rundbögen, die auf jeweils vier grauschwarzen Rundpfeilern ruhen, zu den Seitenschiffen. Um den zweiten Pfeiler links windet sich eine zierliche, im Wesentlichen barocke *Holzkanzel* mit einigen neoklassizistischen Schmuckelementen aus Marmorstuck.

Das vierte, ebenfalls mit einer Holzdecke überfangene Joch ist als **Querhaus** ausgebaut, der **Chorraum** lang gestreckt, seine Mudéjar-Decke fasst ihn mit dem Vierungsraum zusammen. Die weiße, goldgerahmte *Hochaltarwand* präsentiert sich im neoklassizistischen Stil. In ihrer Mitte sieht man ein schlankes Kruzifix, flankiert von einer Muttergottes mit Kind und einer Skulptur des Bischofs von Arrecife, San Ginés.

Vor der Kirche lädt die kleine *Plaza de las Palmas* mit ihren Ruhebänken, den Schatten spendenden Palmen und sattgrünen Indischen Lorbeerbäumen zum Verweilen geradezu ein. In der Fußgängerzone findet rings um die Kirche einmal in der Woche ein großer Kunsthandwerkermarkt statt (Sa 9.30–14 Uhr).

Der Charco de San Ginés und das Viertel der Fischer

Zum **Charco de San Ginés** **6**, was soviel wie ›Pfütze des hl. Ginés‹ heißt, gelangt man durch die engen Gassen hinter der Pfarrkirche mit den z. T. gut restaurierten, niedrigen Häusern. Der schönste Weg führt über die *Calle la Puntilla* mit ihren sattgrünen Palmen. Der Charco ist eine gar nicht einmal so kleine Lagune, die weit in die Stadt hineinreicht und nur durch eine schmale – überbrückte – Rinne mit dem Meer verbunden ist. Hier befindet man sich im ruhigsten Viertel von Arrecife. Es ist zu jeder Tageszeit ungeheuer wohltuend, sich abseits des Stadttrubels am Rande der blaugeländrig eingefassten Lagune in einem der Bar-Restaurants niederzulassen und ein Gläschen Wein oder einen *Café solo* zu genießen. Erst in den Abendstunden erwacht der Charco zu Leben, denn hier befindet sich auch der Treffpunkt der Jugend: das Kinozentrum **Multicines Atlántida Lanzarote** (Calle León y Castillo 42, Tel. 928 81 03 48, http://ociolanzarote.com/cine) mit vier Sälen unter seiner überdimensionierten Betonkuppel.

Auf der nördlichen Seite des Charco stapeln sich kleine weiße Fischerhäuser

Zu Wasser und zu Lande findet die Prozession zu Ehren der Virgen del Carmen statt

einen kleinen Hang hinauf. Auf dem Wasser der Lagune schaukeln bunte Fischerboote, zu deren Landeplätzen jeweils kleine Treppchen hinabführen.

Man erreicht nun **Valterra** **7**, den Stadtteil der Fischer, der in den 1990er-Jahren saniert wurde. Das Zentrum des Viertels markiert eine moderne Kirche. Nur wenige Besucher verirren sich hierher, sodass seine Bewohner noch immer ein weitgehend vom Tourismus unbeeinflusstes Leben führen. In nördlicher Richtung schließen sich der Fischereihafen **Puerto de Naos** und die **Cofradía**, die Fischereigenossenschaft, an. Diese beiden Orte stehen im Mittelpunkt des größten Festes von Arrecife, das zu Ehren der *Virgen del Carmen* [s. S. 131] im Juli veranstaltet wird. Es besteht aus einer Land- und einer Meeresprozession auf bunt geschmückten Booten, die vom Hafen aus starten und zwischen den vorgelagerten Inselchen hindurchfahren.

Ein anderes großes Fest, die *Fiesta San Ginés* [s. S. 131], wird in Arrecife in der zweiten Augusthälfte zu Ehren des Patrons San Ginés gefeiert. Tagelang geht es in

den Straßen mit Jahrmarktstimmung, Misswahlen und Umzügen hoch her. Auch Kultur-und Sportveranstaltungen kommen dabei nicht zu kurz.

Einkaufsbummel in der Fußgängerzone

In der Fußgängerzone *Calle León y Castillo*, die in südlicher Richtung zum Meer führt, reiht sich ein Geschäft an das andere. Einige Läden stammen noch aus der Zeit um 1900. Sie wirken zwar etwas antiquiert, sind aber sehr hübsch anzuschauen. Doch die meisten Gebäude beherbergen Boutiquen und Dependancen internationaler Modelabels. Zwischen den Geschäften gibt es Eisdielen und weniger einladende Stehimbisse, einige Banken und Spielsalons. Eine echt spanische Mischung! Die meisten Reisebüros hingegen befinden sich an der Meeresfront, in der Avenida de la Marina.

Eine besonders nette Adresse sollte man sich auf der León y Castillo nicht entgehen lassen: den **Mercadillo** **8** in der Hausnr. 16 mit seinem glasüberdachten, zweistöckigen Patio, der Eisdiele und Bar, Kunsthandwerksläden und Lederwarengeschäft unter einem Dach vereint.

Bis zum **Centro Insular de Cultura El Almacén** **9** (CIC, Calle José Betancort 33, Tel. 928 81 01 21, www.cabildodelanzarote. com, Mo–Fr 10–14, 19–24 Uhr) ist es von hier aus nicht mehr weit. César Manrique hatte das alte zweistöckige Haus über den beiden großen Zisternen 1974 restaurieren lassen und ihm den Namen ›El Almacén‹, Warenhaus, gegeben. Hier sollten Ausstellungen stattfinden und sich Menschen aus aller Welt zum Gedankenaustausch über die Schönen Künste treffen. Doch das von Manrique persönlich finanzierte Unternehmen schrieb ständig rote Zahlen. Daher wurde es 1989 von der Inselregierung übernommen, die darin das **Kulturzentrum** unterbrachte. Darüber hinaus sind hier ein Fortbildungszentrum und eine Bibliothek für spanische Literatur über die Kanarischen Inseln beheimatet. In den beiden **Zisternen** schließlich mit ihren immens dicken Mauern finden Wechselausstellungen statt. Wer ein gutes Gläschen Wein trinken und in Ruhe Zeitung lesen möchte, kann es sich in der typisch spanischen *Bar Ruíz Picasso* auch an ausstellungsfreien Tagen gemütlich machen.

Wer durch den neuen Parque La Marina nach Süden schlendert, erreicht nach wenigen Minuten den an der Meerespromenade gelegenen **Real Club Nautico** ⑩ (Tel. 928 81 49 61, www.rcna.info, Zutritt nur für Mitglieder), die Bühne für die High Society von Arrecife. In westlicher Richtung schließt sich der **Parque Islas Canarias** ⑪ an.

Unter dem Parque Islas Canarias bietet eine Tiefgarage 800 Parkplätze. Noch ein Stück weiter westlich beginnt die fast einen halben Kilometer lange **Playa del Reducto** ⑫. Der helle Sandstrand ist bei den Einheimischen beliebt, aber die angepflanzten Palmen sorgen auch bei den Touristen für Urlaubsflair – und etwas Schatten. Schräg gegenüber dem Club Nautico, dort wo die Uferallee einen Knick macht und die Avenida de la Marina beginnt, steht auf schwarzgrauem Vulkansteinsockel das massige ockerfar-

bene Gebäude der **Delegación Insular del Gobierno** ⑬, in dem Spanien seine Repräsentanz auf Lanzarote eingerichtet hat. Die Fassade zieren weiße und grüne Sprossenfenster, ein langer, geschlossener Balkon und ein Türmchen. Die stets fahnengeschmückte Schmalseite, die durch eine Baulücke zum Meer blickt, präsentiert sich ebenfalls mit Türmchen und Balkon.

Gegenüber treffen sich beim kleinen Kiosk den ganzen Tag über ältere Männer zum Domino-Spiel und vermitteln einen geradezu heimeligen Eindruck. Die Avenida de la Marina begleitet nun in östlicher Richtung die schöne, parkähnlich angelegte Meerespromenade **Parque José Ramírez Cerdá** ⑭ mit dem Kinderspielplatz – hier gibt es mehrmals im Jahr

Frisch aufpoliert präsentiert sich Arrecifes Uferpromenade Parque José Ramírez Cerdá

eine Art Lunapark. Zwischen Ruhebänken, Schatten spendenden alten Bäumen und blühenden Büschen bietet sich ein idealer Blick auf das vorgelagerte Castillo de San Gabriel. Am östlichen Ende des Parks befindet sich ein **Informationskiosk** der Stadt (Kiosco de la Música, Mo–Fr 9.30–16, Sa 10–13 Uhr), wo man Auskünfte erteilt und Info-Material über Arrecife bereithält. Man darf dem Kiosk aufs Dach steigen, um eine bessere Aussicht zu haben und zu fotografieren.

Auf der anderen Straßenseite folgt eine wenig attraktive Zeile mit einigen Häusern aus den 1960er-Jahren. Einen angenehmeren Blickfang bietet da schon die weiß und cremefarben gehaltene Fassade von Nr. 15 im Zuckerbäckerstil mit neoklassizistischen Elementen. Etwa in der Mitte der Straße, rechts vom Postamt, steht die **Casa de Cultura Agustín de la Hoz** 🔟 (Avda. de la Marina 7, zzt. wegen Renovierung geschl.). Zur Weihnachtszeit kommen viele Einheimische und Besucher hierher, um sich an der großen Krippe in der großzügigen, glasüberdachten Eingangshalle zu erfreuen. In diesem für die Zeit um 1900 so typischen zweistöckigen Gebäude mit den bodentiefen Fenstern und den silberfarbenen Schmiedeeisenbalustraden kann man sich über die kulturellen Veranstaltungen auf der Insel informieren.

Fast auf derselben Höhe, nun aber direkt an der Calle León y Castillo, steht ein besonders hübsches, gelblichgrün gekacheltes Haus mit einem integrierten Uhrtürmchen. Es handelt sich um den früheren Sitz des **Cabildo Insular** 🔟, der Inselregierung, in dem Mitglieder der Obrigkeit auch nach dem Umzug der Büros in den fast protzigen Rathaus-Neubau am westlichen Stadtrand noch immer Gäste empfangen. Inzwischen hat sich hier auch das *Kulturamt* von Lanzarote mit eigenen Büros angesiedelt.

Castillo de San José

Ein Besuch Arrecifes wäre nicht komplett ohne eine Besichtigung des **Castillo de San José** 🔟 (Carretera de Naos) mit dem Museum für Zeitgenössische Kunst MIAC [s. S. 27] ganz im Nordosten zwischen dem Fischerei- und dem Handelshafen. Die 1779 fertiggestellte Festung steht auf einer 8 m über der Steilküste liegenden Halbinsel, der *Cueva de Inés*. Um wenigstens einigen der nach den verheerenden Vulkanausbrüchen 1730–36 hungerleidenden Menschen zu helfen, ließ König Carlos III. das Castillo nach Plänen des Bauingenieurs *Alfonso Ochando* wohl als Arbeitsbeschaffungsmaßnahme, nicht zu Verteidigungszwecken, errichten. Daher auch der volkstümliche Name ›Hungerfestung‹.

Das Fort, wurde über einem quadratischen Grundriss mit leichter Wölbung zur Meerseite hin konstruiert. Seinen guten Erhaltungszustand verdankt es massiven

Attraktive Ansicht – das ehemalige Cabildo Insular mit seinem integrierten Glockentürmchen

Kostbares Nass aus dem Meer

Als Lanzarote zu Beginn der 1960er-Jahre seine Wirtschaft mithilfe des Tourismus ankurbeln wollte, war der Mangel an **Trinkwasser** aufgrund spärlicher Niederschläge und fehlender Grundwasserressourcen das größte Problem. Um nicht weiterhin das kostbare Nass auf **Tankschiffen** von Gran Canaria herübertransportieren lassen zu müssen, verlangte es nach neuen Lösungen.

So wurden 1964 bei Arrecife die ersten, inzwischen modernisierten und erweiterten **Meerwasser-Entsalzungsanlagen** gebaut. ›Lanzarote III‹ und ›Lanzarote IV‹ produzieren etwa 90 % des auf der Insel benötigten Trinkwassers. Außerdem gehört zu diesem Komplex die Mineralwasserfabrik ›Chafari‹. Für den Süden, für Playa Blanca und die umliegenden Dörfer, ist die Anlage ›Janubio‹, ein nahe der Playa de Janubio wie ein Fremdkörper aufragender ›Klotz‹, zuständig. Ungeheuer eindrucksvoll ist hier der Anblick der gegen den Fabrikblock stürmenden Wellen, die noch dazu eine wichtige Funktion im Meerwasser-Entsalzungsprozess ausüben. Denn nicht von ungefähr stehen alle Meerwasser-Entsalzungsanlagen direkt an der Küste, soll doch der **Wasserdruck** genutzt werden.

Und das funktioniert so: Da das Auffangbecken für die Verwandlung des Salzwassers in Süßwasser hinter der Felsküste unter dem Meeresspiegel angelegt wurde, wird das Wasser durch die porösen Basaltfelsen das erste Mal gefiltert. Oberirdisch findet dann die zweite **Filterung** durch Sand statt, der

Schafft Trinkwasser (nicht nur) für Touristen: Meerwasser-Entsalzungsanlage bei Arrecife

anschließend wieder entfernt wird. Jetzt wird das Wasser in große Röhren geleitet und das Salz im energiesparenden Osmose-Verfahren in sechs Durchläufen mit 60 bar Druck so reduziert, dass das Wasser gut trinkbar ist.

35 g Salz pro Liter enthält das Atlantikwasser rund um den Kanarischen Archipel. Nach dieser aufwendigen und äußerst kostspieligen Prozedur beträgt der Salzgehalt nur noch **0,15 g**, und das Wasser schmeckt angenehm. Dass es dann gechlort in die Hotelanlagen und Privathäuser kommt, liegt daran, dass es das Gesetz verlangt – wegen der weitverzweigten Leitungssysteme, durch die es fließt. Deshalb greifen viele dann doch lieber zur Mineralwasserflasche.

Basaltquadern und viel rosafarbenem Mörtel. Geradezu zierlich wirken die runden Eckbastionen. Die Anlage ist so konzipiert, dass man vom Eingang hinter dem schmalen Graben und der kleinen Zugbrücke aus nur ein Stockwerk sieht, das zweite ›hängt‹ über der Steilküste.

Seit dem Umbau durch César Manrique in den Jahren 1974–76 birgt die Festung das **Museo Internacional de Arte Contemporáneo** (MIAC, Tel. 928 81 23 21, www.centrosturisticos.com, tgl. 10–20 Uhr) sowie ein Restaurant. Gleich hinter dem Eingang gelangt man in einen die gesamte Breite der Festung einnehmenden tonnengewölbten Raum von imposanter Länge. Er bewahrt nur ausgewählte, effektvoll präsentierte spanische bzw. kanarische Kunstwerke des 20./21. Jh.

Im **Hauptsaal** des Museums kann man Arbeiten von Joan Miró und Manolo Millares, Oscar Domínguez und Gerardo Rueda, Eusebio Sempérez und Augustín Cárdena und nicht zuletzt natürlich von César Manrique bestaunen.

Ein weiterer Saal und der Söller sind über ein etwas kompliziertes Auf und Ab an Treppen zu erreichen. Großartig ist die schwungvoll durch die integrierte Zisterne ins Restaurant hinunterführende Treppe, die Manrique blendendweiß

TOP TIPP

Das Castillo de San José beherbergt Arrecifes Museum für Zeitgenössische Kunst

kalken und mit großen Steinen und schönem Holz dekorieren ließ. Durch die breite Fensterfront des **Restaurants** (Tel. 928 81 23 21, Mo–Do 12–16, Fr/Sa 12–16, 19–23 Uhr), in dem man tagsüber mit schmackhaften *Tapas* und abends mit kanarischen Spezialitäten verwöhnt wird, hat man freie Sicht auf **Los Mármoles**, den Großhafen von Lanzarote.

Oberhalb des Hafens liegen an den terrassierten Hängen einige alte Salinen [s. S. 108], die in ein Freilichtmuseum verwandelt werden sollen. Ein Zeitplan für die Umwandlung des Komplexes ist jedoch noch nicht bekannt. Die Küstenstraße nach Costa Teguise führt an einer großen Anlage mit einem grauen ›Kasten‹ vorbei, Lanzarotes wichtigster **Meerwasser-Entsalzungsanlage** [s. S. 27].

Wer authentische Produkte nach César Manriques Entwürfen erstehen möchte, wird vielleicht in der **Tienda César Manrique** ⑱ fündig, die mittlerweile im Gebäude des Flughafens von Lanzarote ansässig ist. Hier werden Kunsthandwerk und T-Shirts angeboten, die unter dem ›Gütesiegel‹ der Fundación César Manrique produziert wurden.

ℹ️ Praktische Hinweise

Information

Oficina de Información Arrecife, Kiosco de la Música, Parque José Ramírez Cerdá, Arrecife, Tel. 928 81 31 74, www.turismo lanzarote.com, Mo–Fr 9.30–16, Sa 10–13

Uhr. Hier werden touristische Auskünfte über die Insel erteilt.

Flughafen

Aeropuerto de Lanzarote, Apto de Correos 86, Arrecife, Tel. 902 40 47 04, www.aena-aeropuertos.es

Jachthafen

Marina Lanzarote, Avenida Olof Palme s/n, Arrecife, Tel. 928 66 32 63, www.cale romarinas.com/marinas/lanzarote. Neuer, sehr moderner und schicker Jachthafen mit 400 Anlegestellen.

Einkaufen

Hiper Dino, Calle León y Castillo 42, Arrecife, Tel. 928 82 40 15, www.hiperdino.es. Großer Supermarkt mit riesigem Sortiment direkt an der Flaniermeile.

Mango, Calle León y Castillo 4, Tel. 928 81 31 86. Flotte Mode für junge Leute.

Mercado Turístico y Artesanal, Tel. 928 81 27 50. Hier kauft man in der ausladenden Fußgängerzone rings um die Kirche San Ginés. Markt mit kanarischem Kunsthandwerk und Schlemmerbuden (Sa 9–14 Uhr).

El Mercadillo, Calle León y Castillo 14, Arrecife. Kleines Einkaufscenter in einem hübschen Patio-Haus von 1806 mit Bar und Eisdiele.

Tienda César Manrique, Aeropuerto de Lanzarote, zwischen Arrecife und

Puerto del Carmen. Von der Manrique-Fundación autorisierte T-Shirts, Zeichnungen, Gravuren und Kunsthandwerk.

Tomás Panasco, Calle León y Castillo 11, Tel. 928 81 10 96. Markenkleidung für Damen und Herren.

Zara, Calle León y Castillo 27, Arrecife, Tel. 928 84 44 93, www.zara.com. Filiale der bekannten Modemarke im Herzen von Arrecife. Hier kann man in angenehmem Ambiente nach Herzenslust shoppen.

Nachtleben

Zentrum für einen turbulenten Abend und eine heiße Nacht ist die **Calle José Antonio Primo de Rivera**. An der Partymeile von Arrecife reihen sich Kneipen, Bars und Clubs aneinander. Besonders an den Wochenenden machen die Lanzaroteños hier gerne die Nacht zum Tag, los geht es ab circa 23 Uhr. Weit nach Mitternacht wechselt man dann in eine der Großraumdiscos am Strand, wo bis zum Morgengrauen durchgetanzt wird.

Hotels

*******Arrecife Gran Hotel & Spa**, Parque Islas Canarias s/n, Arrecife, Tel. 928 80 00 00, www.aghotelspa.com. Das Gran Hotel im einzigen Hochhaus Arrecifes präsentiert sich modern und komfortabel. Das Restaurant in der obersten Etage bietet einen Superblick über die Stadt. Mit Pool, Hallenbad, Wellness und Fitnessstudio.

*****Lancelot**, Avenida Mancomunidad 9, Arrecife, Tel. 928 80 50 99, www.hotellancelot.com. Von der Playa del Reducto durch die Hauptstraße getrenntes Stadthotel, das nicht gerade eine Oase der Ruhe ist, aber freundliche Zimmer, einen Pool auf dem Dach sowie Restaurant à la carte und Pianobar bietet.

*****Miramar**, Avenida Coll 2, Arrecife, Tel. 928 81 26 00, www.hmiramar.com. Gepflegtes Haus gegenüber dem Castillo de San Gabriel mit weitem Blick vom Dachgarten.

***Hostal San Ginés**, El Molino 9, Arrecife, Tel. 928 81 23 51, www.pensionsangines.com. Einfache saubere Pension in günstiger Zentrumslage.

Restaurants

Kleine Fischlokale in der Umgebung des Hafens, Cafés am Charco und in der Nähe des Club Nautico sowie Imbissbuden an der Calle León y Castillo, der Haupteinkaufsstraße von Arrecife, bestimmen das immer größere Angebot.

Allerdings sollte man, wenn man eine gute Auswahl haben möchte, die Sonntage in Arrecife meiden – da ist fast alles geschlossen, Bars, Cafés, Restaurants und natürlich die Geschäfte.

Casa Ginory, Calle Juan de Quesada 7, Arrecife, Tel. 928 80 40 46, www.ginory lanzarote.com. In dem traditionsreichen Lokal wird authentische kanarische Küche serviert: hausgemachter Eintopf, Meeresfrüchte, Steaks (tgl. 11–23.30 Uhr).

Schlemmen mit Aussicht – im Restaurant des Castillo de San José im Nordosten der Stadt

Castillo de San José, Avenida de Naos s/n, in der gleichnamigen Festung, Arrecife, Tel. 928 81 23 21. Großzügig bis unterkühlt wirkt die Glas-Leder-Einrichtung dieses Lokals, dessen spanisch-kanarische sowie internationale Küche vielfach gelobt wird. Hierher kommen Einheimische, die schön ausgehen wollen (So geschl.).

La Puntilla, Avenida de Cesár Manrique 52, Arrecife, Tel. 928 81 60 42. Gemütliches Lokal am Charco. Feine, ziemlich teure spanische Speisen, wunderbar angerichtet (So geschl.).

Pizzeria Da Gigi, Calle Doctor Ruperto Gonzáles Negrín 4, Arrecife, Tel. 928 81 47 49. Bei Gigi gibt es die beste Pizza der Stadt.

Terraza Cafe Central, Calle León y Castillo 34, Arrecife, Mobil-Tel. 660 44 43 51. Einladendes Café mit großer Kuchenauswahl, gleichzeitig Restaurant mit Tapas und anderen spanischen Spezialitäten sowie preiswerten Tagesmenüs. Ab 10 Uhr bis spät offen (So geschl.).

2 Costa Teguise

Eine Feriensiedlung vom Reißbrett mit fantastischem Surferstrand und schönem Golfplatz.

Um das viel besuchte Ferienzentrum Costa Teguise zu erreichen, kann man von Arrecife aus die Schnellstraße wählen oder beim Castillo de San José die schmalere Straße entlang der felsigen Küste, vorbei an den aufgelassenen Salinen und der Meerwasser-Entsalzungsanlage, nehmen. Bald passiert man das einstige Dorf **Las Caletas**, das stark angewachsen ist, seit etliche Firmen von Arrecife hierher gezogen sind, z. B. die Verwaltung der für die Wasserversorgung zuständigen ›Inalsa‹ (Insular de Aguas de Lanzarote S. A.).

Wenig später ist man dann auch schon auf dem Gemeindegebiet von Teguise angelangt. Kleine Buchten mit goldgelbem Sand öffnen sich inmitten schwarzer Lavafelsen, über denen ein paar kleine, feine Häuser zu hängen scheinen. Im weiteren Verlauf führt die Straße zu-

In Costa Teguise wetteifern Betonburgen mit Ferienhaussiedlungen im kanarischen Stil

terkünfte wie möglich unterbringen, gab er das Projekt auf. Vom dazugehörigen Sandstrand schwingen sich zahlreiche Surfer auf ihre Bretter, denn die Brandung ist hier besonders lebhaft. Den Strand akzentuieren dunkle Felsen und ein Vulkansteinturm mit Wendeltreppe zum Söller. Leider liegt die Playa in Sichtweite des Industriehafens von Arrecife.

Eine breite, boulevardartige Palmenallee mit vielen Parkplätzen führt ins Herz der Costa Teguise. Rechts der Straße erstreckt sich die **Playa del Jablillo**, die ein längerer Wellenbrecher ›einbuchtet‹ und die schwarze Lavafelsen rahmen. Der Strand ist vor allem bei Familien beliebt; hier weht seit Jahren die Blaue Flagge für gute Wasserqualität.

Der Surfer-Strand schlechthin ist die **Playa de las Cucharas**. Die kleine Ferienhaussiedlung liegt an der als Fußgängerzone ausgewiesenen Meerespromenade. In den Lapilli-Vorgärten der von Manrique gestalteten Anlage wachsen ausschließlich einheimische Pflanzen. Manrique hat auch das Kneipencenter **Pueblo Marinero** (›Fischerdorf‹) konzipiert und sich um die Verschönerung des von außen nicht gerade attraktiven Luxushotels **Gran Meliá Salinas** bemüht, er gestaltete das Innere sowie die Pool- und Gartenanlagen um. Hinter dem Hotel folgt die kleinere, feinsandige **Playa de Los Charcos** mit dem ›Lanzarote Beach Club‹. Auf der Landseite steht Hotel an Hotel, Apartmentanlage an Apartmentanlage, dazwischen zahlreiche Supermärkte.

nächst nach links, dann wieder nach rechts zur **Playa Bastián**. Diese attraktive Ferienhaussiedlung mit Palmen in gepflegten Lapilli-Gärten (das sind mit Vulkansteinchen bedeckte Flächen) hatte César Manrique zu planen begonnen. Als man aber verlangte, er solle so viele Un-

Einputten unter Palmen auf Lanzarotes erstem Golfplatz, Costa Teguise

Wer die Strände in nördlicher Richtung verlässt und die Avenida de las Canarias überquert, stößt dennoch wieder auf viel Wasser: Das **Acuario de Lanzarote** (Centro Comercial El Trébol, Avenida Las Acacias s/n, Costa Teguise, Tel. 928 59 00 69, www.aquariumlanzarote.com, tgl. 10–18 Uhr) ist das größte Aquarium der Kanaren. Neben typisch kanarischen Arten wie Tigerfisch, Dorade oder Mönchsfisch tummeln sich vielfarbig schimmernde Schönheiten und exzentrisch geformte Fische aus tropischen Gewässern, darunter Clownsfische, Feuerdrachen und Kugelfische. In drei *Streichelbecken* darf man Seegurken oder Seesterne anfassen, im Unterwassertunnel und dem großen Zentralbecken ziehen Haie ihre Kreise. Eine der aufregendsten Attraktionen dürfte das *Tauchen mit Haien und Rochen* sein, das im Aquarium bei Buchung über das Aquatis Divingcenter (s. u.) möglich ist.

ℹ️ Praktische Hinweise

Information

Oficina de Información Turistica de Costa Teguise, Centro Comercial Los Charcos, Local 11, Avenida de las Islas Canarias s/n, Costa Teguise, Tel. 928 59 25 42, www.turismoteguise.com, Mo–Fr 9–16.30, Sa/So 9–14.30 Uhr

Golfplatz

Costa Teguise Golf, 3 km nordwestlich der Costa Teguise Richtung Tahíche, Tel. 928 59 05 12, www.lanzarote-golf.com. Palmenbestandener 18-Loch-Platz mit Bar-Restaurant und Golfladen.

Tauch- und Surfschulen

Aquatis Divingcenter Lanzarote, Apdo. de Correos 104, Playa de las Cucharas, Costa Teguise, Tel. 928 59 04 07, www.diving-lanzarote.net. Tauchschule unter deutscher Leitung.

Calipso Diving, Avenida de las Islas Canarias, Centro Comercial Calipso 3, Playa de las Cucharas, Costa Teguise, Tel. 928 59 08 79, www.calipso-diving.com

Surfen und Kiten, Costa Teguise, Infos über Clubs unter www.surf.tunera.net

Hotels und Ferienwohnungen

TOP TIPP *****Gran Meliá Salinas**, Avenida Islas Canarias, Playa de los Charcos/Playa de las Cucharas, Costa Teguise, Tel. 928 59 00 40, www.melia.com. Das Paradehaus der Küste mit hervorragendem Service und Gourmetküche, direkt am ›eigenen‹ Strand. Die tropische Gartenanlage mit Pool wurde von César Manrique konzipiert. Das luxuriöse Hotel ist allerdings nur Erwachsenen (ab 15 J.) vorbehalten.

****Be Live Lanzarote Resort**, Avda. del Mar 6, Costa Teguise, Tel. 928 59 04 10, www.belivehotels.com. Das durch eine Nebenstraße vom kleinen Strand getrennte Hotel besitzt eine hübsche Poollandschaft. 2012 komplett renoviert.

Anfassen erlaubt – im Aquarium in Costa Teguise

![Kunterbunt und fröhlich grüßt Manriques Windspiel vor der Fundación César Manrique]

Kunterbunt und fröhlich grüßt Manriques Windspiel vor der Fundación César Manrique

****Be Live Grand Teguise Playa**, Avda. del Jablillo, Costa Teguise, Tel. 928 59 06 54, www.belivehotels.com. Wer Sport treiben möchte, ist in diesem großen Hotel mit seinem schönen Sandstrand an der richtigen Adresse.

***Apartments Nazaret**, Avenida Islas Canarias 1, Costa Teguise, Tel. 928 59 08 68, www.apartamentosnazaret.com. Gepflegte Anlage mit zwei beheizten Süßwasserpools und einem Kinderbecken.

Restaurants

Doña Lola, Avenida del Jablillo 10, Costa Teguise, Tel. 928 59 11 13. Kleines Lokal mit Terrasse direkt an der Meerespromenade. Dependance des nahe gelegenen Restaurants Neptuno (s. u.). Die Küche ist italienisch angehaucht, man kann aber auch Gerichte des Neptuno bestellen.

Neptuno, Avenida del Jablillo, Centro Comercial Neptuno, Costa Teguise, Tel. 928 59 03 78. Freundliches Lokal mit Terrasse. Gute spanisch-kanarische Fisch- und Fleischgerichte.

El Fondeadero, Avenida de los Corales 22, Las Caletas, Costa Teguise, Tel. 928 59 25 01. Einfaches Restaurant mit hervorragender kanarischer Küche sowie frischem Fisch.

El Navarro, Avenida del Mar 13, Costa Teguise, Tel. 928 59 21 45. Exzellente Küche und toller Service. Das Lokal hat sich einen Namen gemacht und ist immer gut besucht. Wer sicher einen Tisch haben will, sollte reservieren.

3 Fundación César Manrique

 Das einstige Wohnhaus des Künstlers César Manrique bildet einen der größten Anziehungspunkte der Insel.

Von Arrecife und von Costa Teguise gleich weit entfernt (ca. 5–6 km), steht beim kleinen Dorf *Tahíche* inmitten von schwarzen Lavafeldern das einstige Wohnhaus Manriques. Es beherbergt seit 1992 die Fundación César Manrique (Tel.

928 84 31 38, www.fcmanrique.org, tgl. 10–18 Uhr). Das bunteste und fröhlichste der Windspiele, die César Manrique auf Lanzarote aufgestellt hat, dreht sich munter vor dem Eingang des Anwesens, das der berühmte Künstler ursprünglich als Privatdomizil erbaut hatte. Doch als der Besucheransturm immer größer wurde, zog er sich in sein Lieblingsdorf Haría [s. S. 72 ff.] zurück und überließ das Haus in Tahíche der von ihm gegründeten Stiftung als Museum.

Gerne erzählt man sich, wie Manrique, 1968 aus Amerika auf seine Heimatinsel zurückgekehrt, inmitten des erstarrten Lavaflusses der Vulkanausbrüche von 1730–36 die sattgrünen Blätter eines Feigenbaumes entdeckte, die aus einer Lavablase herausragten. Davon und von der ansonsten finsteren Kargheit und Wildheit der Vulkanhöhlen war er so begeistert, dass er sie dem Bauern, dem sie gehörten, abkaufen wollte. Doch der *campesino* schenkte ihm das Stück Land, das in seinen Augen völlig wertlos war.

Fünf miteinander verbundene Vulkanblasen bilden den Kern des Anwesens, das zu einem Magnet nicht nur für Architekten, sondern praktisch für jeden Lanzarote-Besucher geworden ist. Kein Wunder: Hier hat Manrique sein Credo – die Harmonie von Kunst, Natur und Architektur – so konsequent verwirklicht wie in keinem anderen seiner Werke.

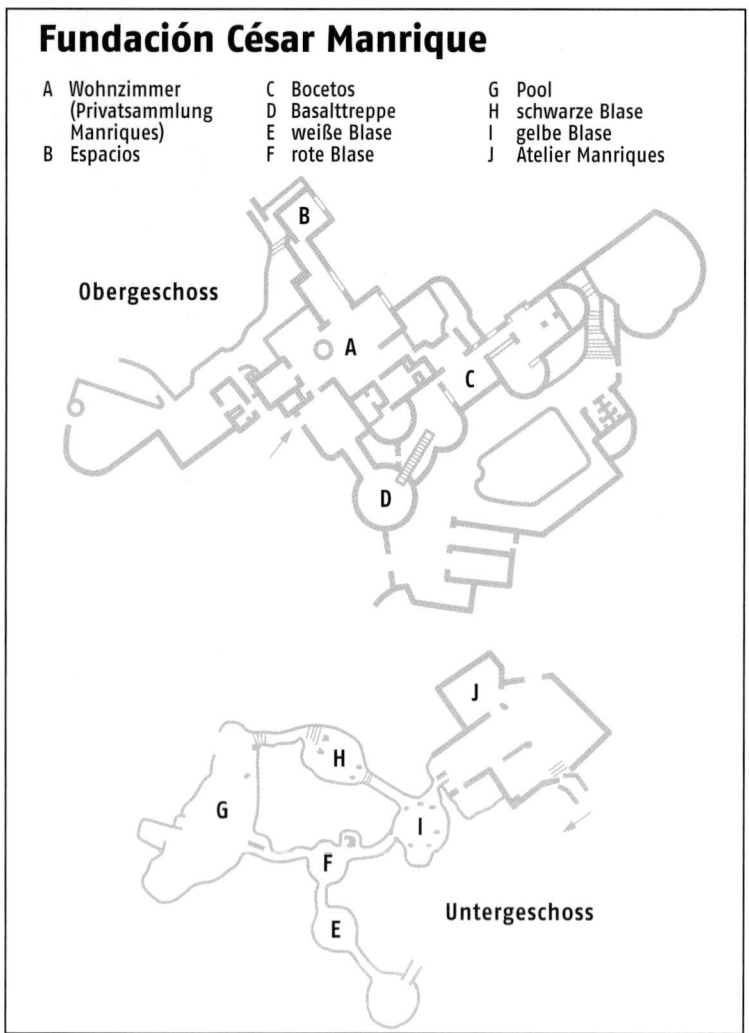

Fundación César Manrique

A Wohnzimmer (Privatsammlung Manriques)
B Espacios
C Bocetos
D Basalttreppe
E weiße Blase
F rote Blase
G Pool
H schwarze Blase
I gelbe Blase
J Atelier Manriques

Obergeschoss

Untergeschoss

Schöne Farbgestaltung – rotes Design in einer Lavablase in Manriques einstigem Wohnhaus

Vor dem Museum begrüßen den Besucher heute das erwähnte Windspiel **La Energía de la Pírámide**, die ›Energie der Pyramide‹, und die Manrique-Skulptur **El Triunfadór**, der ›Triumphierende‹. Links liegt, vom übrigen Museumsbetrieb abgetrennt, ein Raum für wechselnde Kunstausstellungen. Hier ist es – abgesehen von den Vernissagen – stets angenehm ruhig.

Der eigentliche Rundgang beginnt im **Innenhof** der Fundación, in dessen Boden die oberen Öffnungen von zwei Lavablasen zu sehen sind. Die Knochen und Gegenstände, die man in ihnen gefunden hatte, dienen heute als Dekoration. Das zentral gelegene, sehr großzügige **Wohnzimmer** [**A**], das um eine besonders große Vulkanblase in der Mitte angeordnet ist, durch die man in ein unteres Gemach mit einer roten Skulptur blickt, beherbergt heute Manriques *Sammlung moderner Kunst*, die u. a. Werke von Joan Miró und Pablo Picasso, Antoni Tàpies und Pierre Alechinsky, Manuel Valdés und Eduardo Chillida, Pedro González und Amedemo Gabino umfasst.

Anschließend geht es hinaus ins Freie und dann wieder in einen **Saal**, in dem Manrique einmal mehr sein Können demonstrierte, Kunst und Natur in Einklang zu bringen. Überwältigend ist allein schon der Blick durch das große Fenster links auf die kleinen weißen Kuppeln inmitten der Lava, die zum eigentlichen Sitz der Stiftung abseits des Museumsgebäudes gehören. Einen Vulkangang mit eingestürzter Decke hat Manrique in einen kleinen **Hof** mit Pool, Sitzgruppe und vielen Pflanzen verwandelt.

Im **Espacios** [**B**] genannten Raum sind wieder einige von Manriques Arbeiten zu bewundern. Über einen langen Korridor mit Werken moderner Kunst gelangt man zurück ins große Wohnzimmer. Manriques früheres Schlafzimmer, das nun **Bocetos** [**C**], ›Entwürfe‹, heißt, präsentiert viele seiner *Skizzen*, vor allem für seine Windspiele, aber auch für Skulpturen, Keramiken und Wandgemälde.

Eine eindrucksvolle **Basalttreppe** [**D**] führt nun abwärts, hinein in die fünf Vulkanblasen, die Manrique durch Röhren miteinander verbunden und verschiedenfarbig ausgestaltet hat. Man kommt in die **weiße Blase** [**E**] und dann in die **rote Blase** [**F**], die man vom großen Wohnzimmer aus sehen kann. Von dort gelangt man zum **Pool** [**G**] und weiter in die **schwarze Blase** [**H**], die durch viele Pfeiler gestützt wird. Über die **gelbe Blase** [**I**] erreicht man schließlich das frühere

Atelier Manriques [J], in dem heute die *Colección Manrique*, die Kernsammlung seiner eigenen Werke, aufbewahrt wird. Hier kann man deutlich erkennen, wie sehr Manrique seiner Insel verhaftet war. Viele seiner meist großen Bilder sind in Mischtechnik aus Ölfarbe – überwiegend in Erd- und Vulkantönen – und Gestein oder Asche geschaffen. Sie sind zugleich Gemälde und Reliefs. ›Pintura 58‹ von 1965 etwa wirkt, als sei ein Stück vielfarbige, poröse Lava dünn abgetragen und dann auf Leinwand geklebt worden.

Manrique wäre kein Sohn seiner Insel, wenn er nicht auch die Entstehung eines Vulkans thematisiert hätte, z. B. auf zwei Gemälden ohne Titel von 1991. In ›Color de la tierra‹ (Farbe der Erde) von 1992 schließlich hat er die vulkanische Hitze des Bodens in allen erdenklichen Rottönen, mit Sandfarbe vermischt, zur Darstellung gebracht. Man fürchtet sich beinahe, näher an das 200 × 340 cm große Bild zu treten, weil es so realitätsgetreu wirkt.

Beeindruckend ist auch die Gestaltung des *Fensters* in diesem Raum: Die schwarze Lavamasse scheint regelrecht durch die Scheibe zu fließen. Und schon ist man nach einem auch für ›kleine Kunstfreunde‹ aufregenden Museumsbesuch wieder im Freien und steht vor einem großen farbenfrohen Keramik-Wandbild Manriques. In der **Tienda**, dem stiftungseigenen Laden, kann man Kunstbücher

Harmonie von Kunst, Architektur und Natur im Innenhof der Fundación César Manrique

Lanzarotes bedeutendste Grabungsstätte – vom altkanarischen Castillo de Zonzamas ist noch längst nicht alles freigelegt

und Andenken mit Manrique-Zeichnungen oder Skizzen kaufen oder sich an der kleinen Bar erfrischen.

Ausflug

Rund 2 km westlich von Tahíche durchschneidet die LZ 34 Richtung Sa Bartolomé den Südausläufer der *Montaña de Maneje* (284 m). Hier siedelten einst die Guanchen, die Altkanarier, wovon zwei Ausgrabungsstätten zeugen. Wenn die Landstraße LZ34 in einer langgezogenen Rechtskurve ansteigt, liegt links oberhalb der Straße auf einem Plateau die gut erhaltene **Quesera de Zonzamas** oder Quesera de los Majos. Die Funktion der innerhalb eines Rundes aus dem steinigen Boden gehauenen langen *Rillen* bleibt rätselhaft. Wie bei der Quesera nahe den Jameos del Agua [s. S. 55] haben die Forscher den Namen gewählt, weil die Rillen an den Molkeablauf bei der Käseproduktion erinnern. Plausibler ist

allerdings die Deutung als Kultstätte. Die exponierte Lage lässt vermuten, dass diese Quesera zu einer mauergeschützten Siedlung gehörte. Mit Blick auf das Meer kann man sich ihre Rolle als Altar gut vorstellen. Auch ganz Arrecife liegt ihr jetzt zu Füßen.

Ganz sicher zu einer *Schutzburg* gehörte die in Richtung San Bartolomé etwa 1 km entfernt liegende Anlage des **Castillo de Zonzamas**. Auch sie thront auf einer kleinen Erhebung, wo die Landstraße in einer Linkskurve ihren höchsten Punkt erklimmt, bevor sie in eine weitläufige Ebene mündet. Leider ist nicht mehr viel zu erkennen außer ummauerten runden und rechteckigen Vertiefungen sowie Gängen. Die lange im Magazin gelagerten Fundstücke aus der bedeutenden Ausgrabungsstätte, Stelen und Idole vor allem, sind nun im neuen *Museo de Historia de Arrecife* im Castillo San Gabriel [s. S. 21] zu sehen.

Teguise – attraktive alte Hauptstadt

Teguise, die sicherlich interessanteste Stadt Lanzarotes, war der erste Regierungssitz der Insel, der in vermeintlich piratensicherer Entfernung vom Meer errichtet wurde. Glücklicherweise hat die einstige Hauptstadt viele ihrer historischen Bauten, vor allem die stattlichen **Adelspaläste** und die schmucken weißen Kirchen, bewahren können. Das Stadtbild wird geprägt von Türmen aus dunklem Basalt oder weißen Türmen mit Basaltecken und -aufsätzen, die aus einem scheinbar ungeordneten Gewirr strahlend weißer Häuser herausragen. Die typischen **Wohnhäuser** sind geschmückt mit braunen oder grünen Holzbalkonen und z. T. bis zum Boden reichenden Fenstern, oft mit dem typischen Guillotine-System, bei dem der untere Teil von innen nach oben geschoben und festgeklemmt wird. Ein Bummel durch die breiten, unregelmäßig gepflasterten Hauptstraßen und Gassen der früheren Inselkapitale gehört zu den größten Attraktionen Lanzarotes.

4 Teguise

Die unter Denkmalschutz stehende Altstadt zählt zu den Schmuckstücken der Insel.

Im Rahmen der üblichen Inselrundfahrten werden Besucher lediglich kurz durch Teguise geschleust, sonntags gar nur zum Hauptplatz geführt, auf dem dann der große **Markt** stattfindet. Neben allerlei Kitsch gibt es afrikanisches Kunsthandwerk im Angebot und auch für Lanzarote typische Produkte, denn immer mehr einheimische Künstler bieten hier ihre Werke an. Doch natürlich lohnt es sich, die Stadt bei einem längeren Besuch besser kennenzulernen. Von den max. 20 km entfernt liegenden Hotels in Costa Teguise, Arrecife und Puerto del Carmen aus ist das auch abends kein Problem. Übrigens steht die ganze Altstadt von Villa de Teguise, so der offizielle Name, seit den 1980er-Jahren unter **Denkmalschutz.** Dadurch wurde das Zentrum einer der bedeutendsten Städte des Kanarischen Archipels gerettet.

Geschichte Teguise (1418) ist nach Betancuria (1404) auf Fuerteventura die älteste spanische Siedlung der Kanaren. Die Eroberer gaben dem Ort zunächst den Namen *Aldea Grande*, großes Dorf.

Teguise zeigt Stil und Charakter: Blick auf die Stadt vom Castillo Santa Bárbara

Folklore auf der Plaza de la Constitución von Teguise

Stadtgründer **Maciot de Béthencourt**, Neffe von Jean de Béthencourt, benannte seine Neugründung, für die er portugiesische und spanische Architekten auf die Insel holte, schließlich nach Prinzessin Teguise, jener einheimischen Königstochter, die er zur Frau genommen hatte.

Von Anfang an war der Ort wohlhabend und blieb es trotz zahlreicher Piratenüberfälle, die auch im sichereren Inselinneren nicht ausblieben. Das 1455 zur **Villa Real**, zur königlichen Stadt, erhobene Teguise wurde bald auch **Bischofssitz**. In der Folge entstanden viele bedeutende Sakralbauten, u. a. San Miguel, San Francisco und Santo Domingo. 1852 musste Teguise seine Hauptstadtrolle jedoch an das Hafenstädtchen Arrecife [s. S. 19 ff.] abgeben, worunter manch ein Teguiser noch heute bitter leidet.

In der Altstadt von Teguise laden Bars und Restaurants zum Verweilen ein

Besichtigung   Den Wagen parkt man am Rande der **Altstadt**, beispielsweise nahe der weithin sichtbaren Windmühle oder auf den gekennzeichneten Plätzen vor der Kirche San Francisco. In der Nähe hält auch der Linienbus aus Arrecife. Das

Einer der Schätze im Museo Sacro von San Francisco – Altar im Inselbarock (um 1700)

kleine und recht übersichtliche historische Zentrum von Teguise bietet sich für eine Erkundung per pedes geradezu an. Und wer eine Pause einlegen möchte, ist in einer der Bars oder Restaurants bestens aufgehoben.

Vom Aussichtspunkt Castillo de Santa Bárbara [s. S. 45 f.] ist deutlich zu erkennen, dass die Stadt einen schachbrettartigen Grundriss hat. Ihre breiten Gassen, die von prächtigen Adelspalästen flankiert sind, wurden schräg angelegt, sodass das wenige Regenwasser in die großen Zisternen unter dem heutigen Parque de La Mareta [s. S. 41] ablaufen konnte. Fast alle Gebäude im historischen Zentrum wurden inzwischen restauriert und größtenteils einer öffentlichen Nutzung als Museum, Kulturzentrum oder Restaurant zugeführt.

Von San Francisco zum Parque de La Mareta

Ganz gleich, ob man mit dem Auto oder dem Bus ankommt, am Anfang eines Stadtbummels könnte gut **San Francisco** ❶ stehen. Die zweischiffige, 1590 auch der *Madre de Diós de Miraflores* geweihte Kirche blickt auf eine recht turbulente Geschichte zurück. Schon 1618 fiel das Kloster, zu dem sie gehörte, einem brutalen

Piratenüberfall zum Opfer. Mit Hilfe von Spendengeldern konnte wenigstens die Kirche schnell wiederaufgebaut werden. Doch auch vor ihr machte die Säkularisierungswelle zu Beginn des 19. Jh. nicht Halt. Nach langem Hin und Her wurde das Gotteshaus schließlich 1835 von der Kommune übernommen, was aber an seinem schlechten Erhaltungszustand zunächst nichts änderte. Erst vor einiger Zeit hat man San Francisco mit seinen besonders hübschen Vulkanstein-Portalen und dem grauschwarzen (glockenlosen) Glockenturm angemessen restauriert und zunächst als Kulturzentrum für Konzerte und Ausstellungen genutzt.

Heute dient das Gebäude als **Museo Sacro** (Museum sakraler Kunst, Mo, Mi–Fr 9–15, Sa/So 9.30–14 Uhr) und birgt eine sehenswerte Sammlung von etwa 70 Exponaten aus aufgelassenen Kirchen und Klöstern Teguises und seiner Umgebung. Zu den Glanzpunkten der Kollektion zählen die *Cristus populares,* die volkstümlichen Christuskind-Figuren aus dem 18. und 19. Jh., sowie ein nur 20 cm hohes Renaissance-Kruzifix. Aufmerksamkeit schenken sollte man darüber hinaus der edlen Architektur der beiden Kirchenschiffe, die durch fast raumhohe Rundbögen miteinander verbunden sind. Einen Blick wert sind außerdem die schönen Mudéjardecken und die sorgsam restaurierten Wandaltäre an den Schmalseiten. Besonders sehenswert ist das rechte Retabel, dessen naive Holzschnitzereien Figuren und üppige Früchtearrangements zeigen.

Am Taxistand vorbei geht es jetzt Richtung Pfarrkirche San Miguel. Doch an der Calle Herrera y Rojas sollte man erst einmal rechts abbiegen und einem der ältesten Paläste der Kanaren, dem **Palacio del Marqués de Herrera y Rojas** ❷, einen Besuch abstatten. Hier betreibt ein deutsches Paar den **Patio del Vino** (Calle Herrera y Rojas 9, Tel. 928 84 57 73, www.patio-del-vino.com, Mo–Fr 12–20, So 10–15 Uhr), eine Bodega mit Weinverkostung. Bauherr dieses edlen Stadthauses war 1455 jener Graf, dessen Namen es trägt. Errichtet ist das Gebäude um einen geräumigen, langgestreckten **Innenhof**. Im vorderen Teil befanden sich die großzügigen Herrschaftsräume, hinten die kleineren Zimmer für die Dienstboten.

Die Weinsammlung der heutigen Besitzer darf mit Recht als historisch bezeichnet werden, und manches Etikett eines alten edlen Tropfens (z. B. El Grifo von 1880) stammt von einem großen Künstler des 20. Jh., etwa von Pablo Picasso oder Andy Warhol.

Übereck steht an der Querstraße Espiritu Santo das von den Teguisern liebevoll ›Teatrillo‹ (Theaterchen) genannte **Teatro Municipal Hermanas Manuela y Esperanza Spínola** ❸, das nach langer Restaurierungszeit feierlich wiedereröffnet wurde und seither zu Theateraufführungen, Konzerten oder Lesungen lädt.

Die Gasse weiter hinunter erreicht man den riesigen **Parque de La Mareta** ❹ mit einem spannenden Abenteuerspielplatz. Mehrmals im Jahr finden in der Grünanlage Volksfeste mit Lunapark und Festzelt statt. Unter dem Park befindet sich die – mit 40 m Durchmesser und 9 m Tiefe – wohl größte Zisterne der Insel. Sie wurde bereits im 15. Jh. angelegt, um die Wasserversorgung der Stadt sicherzustellen.

Von hier geht es dann wieder zurück ins historische Zentrum, in die **Calle La Sangre** ❺, die auch zur Plaza de la Constitución und damit zur Pfarrkirche führt. Der Name ›Blutgasse‹ erinnert an die entsetzlichen Piratenüberfälle des 15. und 16. Jh., bei denen die Bevölkerung stark dezimiert und die Stadt gebrandschatzt wurde. 1569 allerdings hatten die Franziskanermönche die Gefahr rechtzeitig erkannt und die Bewohner von Teguise gewarnt. Diese lockten die Piraten in eine Falle, eben in jene Gasse, in der dann ein furchtbares Gemetzel stattfand.

Hübsch herausgeputzt präsentiert sich das ›Teatrillo‹, das Stadttheater von Teguise

Nuestra Señora de Guadalupe wird die Kirche San Miguel in Teguise auch genannt

Plaza de la Constitución

Den zentralen Platz der Stadt, die mit Palmen, Indischen Lorbeerbäumen und Aurocarien geschmückte, unregelmäßig geformte **Plaza de la Constitución**, säumen prachtvolle historische Gebäude sowie die Pfarrkirche **San Miguel** ❻ (Mo–Fr 9–13.30 Uhr). Sie ist sowohl dem Erzengel Michael als auch *Nuestra Señora de Guadalupe* geweiht. Der massive Glockenturm besteht aus rotem Vulkanstein mit schwarzem Aufsatz und weißer achteckiger Haube. Der gesamte Bau wirkt ein wenig unharmonisch, was nicht verwundert, wenn man die wechselhafte Geschichte der Kirche etwas genauer studiert: 1428 als kleines, einfaches Gotteshaus – eines der ältesten auf den Kanarischen Inseln – errichtet, wurde sie mehrmals geplündert und immer wieder umgebaut und vergrößert.

1909 schließlich erlitt die Kirche ihre schlimmsten Schäden durch einen Brand, dem fast die gesamte Ausstattung zum Opfer fiel. Deshalb präsentiert sich das *Innere* des dreischiffigen, tonnengewölbten Gotteshauses heute in einem neogotischen Zuckerbäckerstil. Unterstrichen wird dieses Erscheinungsbild noch durch den weißen Anstrich und die weißen Altäre. Aus dunklem Holz bestehen nur die Orgelempore und das westliche Ende des rechten Seitenschiffes.

Einen großartigen Blickfang bildet der **Chor** mit seinen Spitzbögen und den sehr schlanken Pfeilern zwischen den gemauerten Bänken. Zur Chorapsis schwingt sich eine breite Treppe empor, deren schmiedeeiserne Schranken mit Rebmotiven und Kornähren verziert sind.

Die *rechte Kapelle* vor dem Chor birgt die zauberhafte, hochverehrte Statue der Jungfrau von Guadalupe. Diese **Mondsichel-Madonna** ist gewandet in einen schwarzen Samtmantel mit Goldstickerei und trägt auf dem Kopf eine schwere, von einem silbernen Strahlenkranz umgebene Krone.

Verlässt man die Kirche und tritt wieder auf die Plaza de la Constitución, so erblickt man links ein altes Patrizierhaus, in dem seit vielen Jahren das beliebte **Restaurant Acatife** untergebracht ist. Wer noch Mitbringsel sucht: Im Geschäft neben dem Restaurant kann man typische Stickereien der Insel, Decken, Tücher und Blusen, erwerben.

An der linken unteren Seite des Platzes steht etwas verloren ein kleines Gebäude aus großen Quadern, das wie eine zweischiffige Kapelle wirkt: **La Cilla** ❼, das einstige Zehnthaus, in dem früher die Bauern zehn Prozent ihrer Ernte abliefern mussten. Das restaurierte Haus aus dem 17. Jh. beherbergt heute die Sparkasse und kann daher ohne Probleme während der Dienststunden (Sommer Mo–Fr 8.30–13.30, Winter Mo–Fr 8.30–14 Uhr) besichtigt werden. Innen glaubt man sich dann in einem der hübschen kleinen Bauernmuseen der Insel wiederzufinden – ein Eindruck, den vor allem die kanarischen Töpferwaren hervorrufen, die hier ausgestellt sind.

Vom Palacio Spínola bis zu Santo Domingo

Zwei Steinlöwen blicken von der an dieser Stelle etwas erhöhten Plaza de la Constitución auf einen der schönsten Stadtpaläste von Teguise, den **Palacio Spínola ❽**. Er beherbergt die *Casa-Museo del Timple* (Plaza de la Constitución s/n, Tel. 928 84 51 81, www.casadeltimple.org, Mo–Fr 9–16, Sa/So 9–15 Uhr), eine Sammlung von Saiteninstrumenten. Der Timple ist ein bauchiges und klangvolles fünfsaitiges Zupfinstrument rein kanarischen Ursprungs. Im Museum finden auch immer wieder

Konzerte auf Originalinstrumenten statt (Termine s. Website).

Auch wenn sich die Bauzeit 100 Jahre hingezogen hat (1730–1830), wirkt dieses Herrschaftshaus dennoch harmonisch. Da der Palast noch bis 1974 von einer Adelsfamilie bewohnt war, hat seine Bausubstanz kaum gelitten. 1984 erwarb die Stadt Teguise das historische Gebäude. Der letzten Restaurierung ist es zu verdanken, dass der ursprüngliche Charakter des Wohnpalastes wiederhergestellt wurde. So kann sich der Besucher gut vorstellen, wie ›die Herrschaften‹ einst lebten – und z. B. die hohen Fenstertüren mit ihren dicken Holzläden bewundern. Auf den Holzbänken darunter saßen früher die Frauen bei der Hausarbeit. Licht

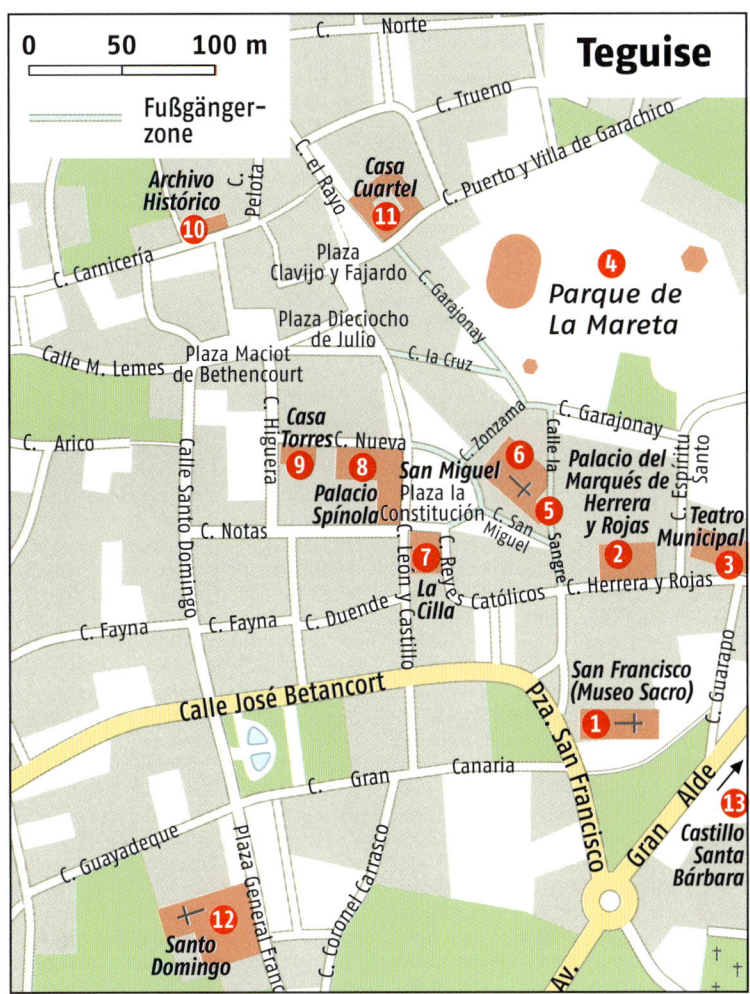

Den Karneval feiert Teguise mit farbenprächtigen und ausgelassenen Umzügen

schien durch die oberen Sprossenfenster, auf Straßenniveau gab es jedoch keine Fenster, denn neugierige Blicke ins Innere waren nicht erwünscht.

Die **Räume** sind mit wunderschönen alten Holzbohlen aus dem Kernholz der Kanarischen Kiefer ausgelegt. Bis auf einen modernen Salon und ein Büro ist das ganze Haus mit Originalmöbeln ausgestattet. Die große historische *Küche* mit separatem Eingang im rückwärtigen Teil ist eine Pracht, doch hinter den fein gearbeiteten Holzgittern verbirgt sich eine moderne Ausstattung. Die Räume beherbergen nun in zahlreichen Vitrinen **Saiteninstrumente** aus aller Welt. Schwerpunkt sind die kanarischen Timples, die auch heute noch gern gespielt werden.

Überall im hinteren Bereich tropft es aus farnbewachsenen steinernen Wasserfiltern, wie sie früher zu jedem kanarischen Haus gehörten. Im angrenzenden **Hof** mit dem ausladenden Feigenbaum in der Mitte, den drei dekorativen Palmen und der obligatorischen Zisterne hat man einen großen Freisitz eingerichtet, wo die beiden Originallöwen vom Kirchplatz aufgestellt sind. Zu dem Komplex gehört auch die gleich links vom Eingang gelegene kleine **Kapelle** mit ihrem wunderschön gearbeiteten Holzaltar.

Quasi auf der Rückseite des Spínola-Palastes ragt ein höheres Gebäude über das Häusergeviert hinaus: die **Casa Torres** ❾ aus dem 18. Jh. Das einstige Privathaus des Kirchenmannes Bartolomé Torres kann zwar innen nicht besichtigt werden, ist aber auch von außen wegen

seiner schießschartenähnlichen Öffnungen im mächtigen Sockelgeschoss auf jeden Fall einen Blick wert.

Gegenüber befindet sich die Bodega **La Galería**, tagsüber ein nettes Tapas-Restaurant, abends ein In-Lokal mit kleiner, aber erlesener Speisekarte, an den Sonntagen mit Live-Veranstaltungen [s. S. 47].

Über die Calle Higuera, die Plaza Maciot de Béthencourt und die Calle Correo gelangt man zum **Archivo Histórico** ❿ (Mo–Fr 9–15 Uhr) aus dem 18. Jh. Obgleich im Gebäude gearbeitet wird, empfindet es niemand als störend, wenn man freundlich um Einlass bittet. Neugierige werden auf Wunsch sogar durch das historische Archiv, das Dokumente über Lanzarote und die Kanaren hütet, die Bibliothek und in den kleinen Hof geführt. Ein bemerkenswertes Detail, das sich in vielen Prospekten über Teguise wiederfindet, kann man bereits am Eingang betrachten: die stilisierte Blume in den zehn großen Kassetten des hölzernen Portals und im unteren Bereich der beiden Fenster rechts und links. Sie ist inzwischen zu einer Art Symbol für den Ort geworden.

Wer nun die Calle Carniceria vor dem Archiv in Richtung Parque de La Mareta zur Calle El Rayo läuft, stößt auf ein ungewöhnliches Gebäude. Die um 1700 als Kaserne erbaute **Casa Cuartel** ⓫ besitzt auf der linken Seite einen turmähnlich erhöhten, zweistöckigen Teil mit einem zierlichen Holzbalkon, der wie Türen, Fenster und Ecksteine braun gestrichen ist.

Ein kleines Stück weiter nördlich, an der **Plaza de la Veracruz**, trifft man auf ein dreiteiliges, einer Garage nicht un-ähnliches Gebäude, das die *Werkstatt* des Timple-Bauers Esteban beherbergt. Dem kanarischen Saiteninstrument widmet sich das Museum im Palacio Spínola [s. S. 43]. Nebenan steht die kleine, 1740 errichtete **Iglesia Veracruz** mit schlichter Fassade und Glockengiebel. Von hier aus hat man einen schönen Blick auf die Pfarrkirche und auf ein paar Wohntürme, die über die Dächer der ansonsten meist einstöckigen Paläste hinausragen.

Im südwestlichen Teil von Teguise, an der Plaza General Franco mit dem kleinen Stadtpark, erhebt sich das ehemalige Dominikanerkloster **Santo Domingo** ⑫, in dessen Konventsräume das **Rathaus** eingezogen ist. In der aufgelassenen **Kirche** (So–Fr 10–15 Uhr, So Konzerte) mit ihren beiden ansprechenden Portalen aus rotem Vulkanstein bilden wechseln-de Ausstellungen moderner Kunst einen schönen Kontrast. Das zweischiffige Ge-bäude, dessen hohe Bögen auf vier schwarz-roten, runden Lavapfeilern ru-hen und so den Hallencharakter betonen, besaß hervorragende Schnitzaltäre. Doch im Laufe der Zeit sind einige verloren gegangen, andere, wie das vergoldete Retabel am Ende des linken Kirchenschif-fes, müssten noch restauriert werden.

Für eine Besichtigungspause bieten sich besonders die Gassen zwischen dem Rathaus und der Pfarrkirche San Miguel an, denn hier findet man eine Reihe von gemütlichen Bars und Bodegas.

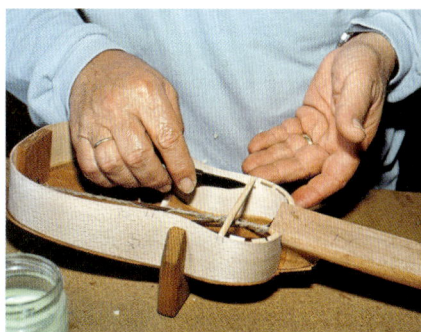

Große Kunstfertigkeit erfordert die Herstellung der typisch kanarischen Timples

Castillo Santa Bárbara

Anschließend sollte man den Wagen nehmen, denn zu dem im Stadtbild allge-genwärtigen **Castillo Santa Bárbara** ⑬ am Rande der Montaña de Guanapay

Das trutzige Castillo Santa Bárbara beherbergt heute das Museo de la Piratería

Die von César Manrique konzipierte Casa Omar Sharif in Nazaret dient mitunter als Filmkulisse

führt eine steile Asphaltstraße im Osten von Teguise. Schon früh, zu Beginn des 14. Jh., gab es auf diesem Hügel einen kleinen befestigten Stützpunkt. Etwa 200 Jahre später ließ *Don Sancho de Herrera* hier einen Wachturm errichten, um den 1551 eine starke, rautenförmige Mauer gezogen wurde. 1588 dann hatte König Philipp II. seinen italienischen Festungsbaumeister Leonardo Torriani nach Lanzarote geschickt, der in Arrecife [s. S. 19 ff.] arbeiten, aber auch die Burg auf dem Guanapay verstärken sollte. Ihm sind die Bastionen, Türme und Schießscharten ebenso zu verdanken wie die starken Abböschungen.

Dokumente von 1618 bezeugen, dass die Anlage zu jener Zeit 130 × 27 m groß gewesen sei. Bald darauf begann das Castillo zu verfallen. Erst 1960 wurde es vom ›Verein Freunde der Burg‹ in einem ersten Anlauf restauriert. Eine zweite, vom Kulturausschuss der Insel initiierte Sanierung unter der Leitung des Architekten Alemany 1977 missglückte gewaltig. 1989 schließlich gelang es der Kommunalverwaltung von Teguise, das Castillo so wiederherzustellen, wie Torriani es ursprünglich konzipiert hatte. In den waffenstarrenden Festungsbau wurde zuerst das Museo del Emigrante (Museum des Emigranten) in-

tegriert, dann 2011 stattdessen das **Museo de la Piratería** (Tel. 928 84 50 01, www.museodelapirateria.com, tgl. 10–16 Uhr) eingerichtet – die Piraten haben die Auswanderer verdrängt. Wie die Auswanderungswellen, die ihren Anfang nach den verheerenden Vulkanausbrüchen 1730–36 nahmen, haben auch die Angriffe der Freibeuter die Geschichte Lanzarotes über Jahrhunderte geprägt.

Neben der lehrreichen Ausstellung ist die **Festungsanlage** selbst einen Rundgang wert. Grandios ist der Blick vom Söller über den feinen Villenort **Oasis de Nazaret** hinweg bis nach Arrecife. Achtung: Wer nicht schwindelfrei ist, könnte Probleme beim Aufstieg zur Festung über die steile, geländerlose Treppe zur kleinen Zugbrücke bekommen.

Ausflug

Nazaret selbst lohnt einen Abstecher wegen der von César Manrique in den 1970ern entworfenen, in die Felsklippen hineingebauten *Casa Omar Sharif*, heute **Museo LagOmar** (Calle Los Loros 2, www.lag-o-mar.com), die der berühmte Schauspieler allerdings nur kurze Zeit bewohnte. Seit er das Anwesen – angeblich bei einem Bridgespiel – verlor, hat es sich zu einer wahren Kulturstätte entwickelt, mit

zwei Gästehäusern, einer kleinen Kunstgalerie und Ateliers sowie einem *Restaurant* (Tel. 928 84 56 65, Mo geschl.), in der
Bar ›La Cueva‹ finden Do, Fr, Sa Nacht Konzerte statt.

ℹ Praktische Hinweise

Information

**Oficina de Información Turística de
Teguise**, Plaza de la Constitución s/n,
Teguise, Tel. 928 84 53 98, Mo–Fr 10–17 Uhr,
Sa/So 10–15.30 Uhr) www.turismo
teguise.com

Einkaufen

In Teguise wurden mehrere alte Stadt-
häuser mit schönen Innenhöfen zu
Tiendas, kleinen Geschäften, umgebaut:
Galeria La Villa, Plaza Clavijo y Fajardo 4.
Mode und Schmuck. **Castillo Santa
Bárbara**, Calle La Cruz 5. Café, Schneider-
atelier, Schmuck (s.u.).

Restaurants und Bars

Acatife, Plaza de la Constitución 1,
Teguise, Tel. 928 84 50 37. Angenehmes
Restaurant um einen verglasten Patio.
Man hat die Wahl zwischen fein gedeck-
ten Tischen in zwei kleinen Räumen und
einem eher bäuerlich ausgestatteten
größeren Saal (Di–Sa 12–23, So 9–16 Uhr).

Castillo Santa Bárbara, Calle La Cruz 5,
Teguise, Tel. 928 59 48 41. Hübsches
Bistro mit begrünter Terrasse, kleine
preiswerte Gerichte wie Tapas und
Käseplatte (Mo–Fr 10–17, So 11–15 Uhr).

*Manrique-typisch: weiße Mauern mit grünen
Holzbalkonen und -fensterrahmen in Teguise*

La Galeria, Calle Nueva 8, Teguise. Alter-
nativ angehauchte Tapas-Bar mit Freisitz
auf der Gasse, abends stylishes Restaurant mit wechselnden Gerichten. Sonntags Live-Musik.

La Tahona, Calle Santo Domingo 3,
Teguise, Tel. 928 84 58 92. Beliebtes Bar-
Restaurant in einem historischen Haus
nahe dem Rathaus, mit vielen Fotos aus
dem alten Teguise. Freitags spätabends
Folkloredarbietungen.

Die für Lanzarote typischen Windmühlen sind natürlich auch in Teguise zu finden

Der Nordosten – Lavagrotten, 1000 Palmen und eine zauberhafte Fischerinsel

Es sind die sattgrünen Kakteen auf dem dunklen Lapilli-Boden, die die kontrastreiche Attraktion von Guatiza und Mala darstellen. Und ein Stück weiter nördlich, im Malpaís de la Corona, hat César Manrique aus schwarzem Lavagestein und weißer Architektur die begehbaren Kunstwerke **Jameos del Agua** und **Cueva de los Verdes** sowie einen der schönsten Aussichtspunkte Lanzarotes, den **Mirador del Río**, geschaffen. Das hinreißende Dorf Haría mit seinen blendend weißen Häusern breitet sich inmitten des ›**Tals der 1000 Palmen**‹ aus. Von besonderem landschaftlichen Reiz ist auch die **Felsenküste** mit ihren Fischerdörfern und kleinen Badebuchten im Osten. Und **La Graciosa**, die einzige bewohnte Insel des kleinen Archipels von Chinijo nördlich von Lanzarote, ist wegen ihrer schönen Strände und der meist himmlischen Ruhe mindestens einen Tagesausflug wert.

5 Guatiza

Kleines Dorf mit großem Kaktusgarten.

Einige Erhebungen ohne charakteristische Konturen trennen die Ostküste von der Asphaltstraße LZ 1, die von Arrecife in Richtung Norden führt: die halbrunde **Montaña de Tahíche** (321 m), die flache, plateauähnliche **Montaña de Tinaguache** (235 m), die rundliche, fast gleich hohe **Montaña Téjida** und kurz vor Guatiza die **Montaña Tinamala** (324 m). Man passiert, von Tahíche kommend, das weiße Tor zur Costa Teguise. Schon von weitem erkennt man linker Hand die hohen Windräder des *Parque Eólico*, die in fünf Reihen einen ganzen Hügel besetzen und für die Meerwasser-Entsalzungsanlage bei Arrecife Strom produzieren.

Bereits am Ortseingang von Guatiza breiten sich die ersten **Kakteengärten** hinter niedrigen Mäuerchen aus und ziehen sich bis zum nächsten Dorf Mala hin.

Eine Windmühle und tausende Kakteen – der Jardín de Cactus bei Guatiza, eines der Werke von César Manrique, gehört zu den Highlights im Nordosten Lanzarotes

Einst waren sie wirtschaftlich für Lanzarote sehr bedeutend: Hier züchtet man die Koschenille-Schildlaus, die den begehrten roten Farbstoff Karmin liefert. Noch heute sieht man auf den ohrenförmigen, stacheligen Blättern der Feigenkakteen (Opuntien) ab und an kleine Säckchen: Darin sperren die Bauern die Mutter-Schildläuse ein, die durch das Gewebe Eier auf die Pflanze legen. Als Larven werden die Nachkommen dann für das Karmin geerntet [s. S. 50].

Eine prächtige **Eukalyptusallee** führt durch das lang gestreckte Dorf Guatiza zu dem berühmten Kaktusgarten von Manrique. Zuvor jedoch biegt man erst einmal nach rechts ab zum einschiffigen Kirchlein **Santo Gusto** mit dem zwiebelturmähnlichen, plattgedrückten Aufsatz und einer hohen Laterne. Ecken und Kanten des kleinen weißen Gotteshauses sind, wie so häufig auf Lanzarote, mit schwarzem Vulkanstein abgesetzt. Der Vorplatz mit gemauerten Bänken, Palmen und Kandelabereuphorbien lädt zum Verweilen ein, die Gassen rings um die Kirche sind gepflegt und zum Kinderspielplatz hin verkehrsberuhigt.

Zurück auf der Eukalyptusallee, fährt man jetzt weiter zum **Jardín de Cactus**

Das Kirchlein Santo Gusto ist das Gotteshaus des kleinen Ortes Guatiza

(Tel. 928 52 93 97, www.centrosturisticos. com, tgl. 10–17.45, Juli–Sept. 9–17.45 Uhr) am nördlichen Ortsrand, den ein überdimensionaler Kaktus aus Metall am Eingang ausweist. 1989 hatte César Manrique begonnen, diesen speziellen Bota-

nischen Garten inmitten der Opuntienfelder in einem aufgelassenen Steinbruch anzulegen, der ihm schon lange ein Dorn im Auge gewesen war: Die Bewohner der Umgebung schienen ihn als Müllabladeplatz zu benutzen. Bereits 1990 konnte er den Jardín de Cactus eröffnen.

Der Garten liegt in einem Vulkantrichter, an dessen Innenrand man auf mehreren Terrassen inmitten von Kakteen und anderen Wüstenpflanzen lustwandeln kann. Den Boden bedeckt vulkanisches Lapilli, wie es auch für den Trockenfeldbau benutzt wird. Auf dem 5000 m² großen Areal gedeihen mehr als 10 000 Exemplare 1400 verschiedener Kakteenarten. Am nördlichen Rand des Kakteengartens bildet die restaurierte **Gofio-Mühle** eine zusätzliche Attraktion, denn von ihrer Spitze bietet sich eine schöne Aussicht.

Architektonisch einfühlsam hat Manrique auch das **Bar-Restaurant** aus dem Vulkanstein der Umgebung bauen lassen. Das wirkt sehr harmonisch und bildet zusammen mit dem dunklem Boden aus Lapilli einen deutlichen Kontrast zu den sattgrünen Pflanzen und den in vielen Farben schillernden Blüten. Ein gut sortierter Buchladen bietet Literatur über Lanzarote und seine Pflanzenwelt.

Der rote Farbstoff der Koschenille-Schildlaus

Im Jahr 1526 hatten spanische Seefahrer in Mexiko die **Schildlaus** und ihr Produkt, das heiß begehrte **Karminrot**, entdeckt. Doch erst 1853 wurden diese nützlichen Tierchen auf Lanzarote angesiedelt und auf den Kakteenfeldern gezüchtet. Da der Weinanbau Mitte des 19. Jh. aufgrund der Mehltauplage darniederlag, half der rote Farbstoff der Schildlaus, der vor allem in der Textilindustrie Verwendung fand, die Wirtschaft auf der Insel wieder anzukurbeln.

Den begehrten Farbstoff gewinnt man direkt aus den Insektenlarven. Die höchstens 1,6 mm lange männliche Schildlaus stirbt nach der Befruchtung, das flügellose weibliche Exemplar kann bis zu 6 mm groß werden. Die in Baumwollsäckchen eingepackten **Mutterläuse** legen ihre Eier durch den Stoff hindurch auf den stacheligen und fleischigen Opuntienblättern ab. Die geschlüpften **Larven** saugen sich mit

Opuntiensaft voll und werden anschließend von den Kakteen abgeschabt, getrocknet und zermahlen. Aus diesem Grundstoff wird **Karmin** hergestellt, der neben Kleidern auch Lippenstifte, Liköre und Fruchtsäfte färbt.

Die weißlichen Gespinste, die man auf den Opuntienblättern sieht, stammen von den abgestreiften Häuten der Larven. Für 50 g Karmin benötigt man etwa 1 kg Läuse, das sind rund 140 000 Larven. Ein Bauer kann 3–4 kg am Tag ›ernten‹. Da die Arbeitskräfte in Süd- und Mittelamerika viel billiger sind, lohnt sich das Sammeln auf Lanzarote kaum noch. Augenblicklich wird das Kilo Trockenmasse mit etwa 140 € gehandelt. Die Produktion wird jedoch von der Inselregierung subventioniert, um das Aussterben dieses traditionellen Erwerbszweigs zu verhindern. Und manche Bauern halten angeblich ihre Koschenille-Schätze zurück, da sie auf eine neue Hausse des natürlichen Farbstoffs spekulieren.

6 Mala

Auch dieses Dorf breitet sich inmitten von Opuntiengärten aus und lebte früher von der Koschenille-Zucht.

Mala zehrt von Guatizas Ruhm, aber das stört die wenigen Bewohner des kleinen Ortes mit seinen windzerzausten Palmen und den Opuntiengärten hinter schwarzen Lavamauern nicht. Fast versteckt liegt leicht erhöht links der Durchfahrtsstraße das alte Zentrum mit seinem **Kirchlein**, das Nuestra Señora de la Merced geweiht ist: ein schlichter weißer Bau mit lavaschwarzem Portal und aufgesetztem Glockenstuhl. Der alte Kustode, der den Schlüssel verwaltet und im kleinen Bauernhaus gegenüber wohnt, pflegt liebevoll den Garten mit seinen dickstämmigen Palmen in akkurat geformten Steinkreisen und den Akazienbüschen. Die Holzdecke sowie die Bänke im Kirchenraum wurden erneuert. Die Figur des San Pedro, des Apostels Petrus, steht auf einer Konsole rechts vom Hochaltar, auf dem Kopf eine Tiara. Den Hochaltar selbst ziert ›La Merced‹ mit Kind, beide in weißen Brokatgewändern und mit Silberkrone.

i Praktische Hinweise

Restaurant

Don Quijote, Calle El Rostro 1, Mala, Tel. 928 52 93 01. Terrassen-Restaurant an der Hauptstraße. Spezialitäten sind frisch zubereitete Tapas, Kaninchen und Fischgerichte (Do–Di 12–23 Uhr).

7 Arrieta

 Fischerdorf mit ›Blauem Haus‹ und einladenden Restaurants.

Auf der Weiterfahrt nach Norden hat man stets einen recht markanten Berg vor sich, die **Montaña Corona** (oder Monte Corona), einen Vulkan, der vor etwa 5000 Jahren den äußersten Nordostzipfel der Insel mit zerrissenen Lavabrocken bedeckt hatte – das Malpaís, ein für die Bauern ursprünglich wertloses ›schlechtes Land‹. Links zweigt eine Straße nach Tabayesco ab, die in das fruchtbare Temisa-Tal führt [s. S. 75].

Wer auf der Küstenstraße bleibt, gelangt zum Kreisverkehr vor Arrieta. Das rote **Windspiel** Manriques aus dem Jahr

Eine wahre Augenweide ist das architektonisch originelle ›Blaue Haus‹ auf rotem Sockel, das am Rande des Fischerdorfes Arrieta direkt am Meer steht

*Schöne Kontraste – das weiße Fischerdorf
Punta Mujeres an der schwarzen Lavaküste*

1992 ist das letzte, das er noch selbst aufstellen ließ. Die ›Hütchen‹ scheinen nur mühsam die Balance mit den schweren Ringen zu halten.

Kurz vor dem Ortskern von Arrieta liegt rechts die **Playa de la Garita**, der durch eine schmale Promenade mit dem Dorf verbundene Badestrand. Zwei Lokale servieren hier frische Fischgerichte. Am langen Steg, der weit ins Meer hinausführt, wurden früher die Tanker gelöscht. Heute ist an seinem Ende ein Sprungbrett montiert – zur Freude der einheimischen Jugend und der Feriengäste.

Ein beliebtes Fotomotiv steht im Norden des Ortes direkt am Meer: das Anfang des 20. Jh. errichtete pavillonartige **Blaue Haus** auf rotem Sockel über einer schwarzen Lavazunge, das mal Restaurant, mal Afrikanisches Museum war und heute zumindest zeitweise von seinem Besitzer bewohnt wird.

Arrieta ist wegen seiner **Fischrestaurants** vor allem ein kulinarisches Ziel. Kenner bevorzugen einheimische Fische wie

*Ganz in Rot – Manriques letztes Windspiel
aus dem Jahr 1992 bei Arrieta*

Viejas (Papageifisch), *Salema* (Goldstriemen), *Sama* (Brasse) sowie *Lenguado* (Seezunge).

ℹ️ Praktische Hinweise

Restaurants

El Amanecer, Calle La Garita 46, Arrieta, Tel. 928 84 83 90. Gepflegtes Familienrestaurant mit großer Terrasse über dem Meer. Spezialitäten sind Seezunge und Calamares (Fr–Mi 10–20 Uhr).

TOP TIPP **El Lago**, Calle Los Morros 27, zwischen Arrieta und Punta Mujeres, Tel. 928 84 81 76. Das feinste Fischrestaurant des Ortes ist eingerichtet mit dunklen Tischen und einem großen Vulkanstein-Becken, in dem verschiedene Meerestiere präsentiert werden. Spezialitäten sind Langusten sowie *Zarzuela* und *Caldo de Pescado*. Die Terrasse liegt nicht direkt am Meer, sondern auf der gegenüberliegenden Straßenseite (Di–Sa 12–21, So 12–15 Uhr).

El Marinero, Calle La Garita 60, Arrieta, Tel. 928 84 83 82. Beliebtes Restaurant, das durch seine exzellente Küche (z.B. Sägefisch nach japanischer Tataki-Art) überzeugt. Schöne Lage mit Meerblick.

8 Punta Mujeres

Beschauliches Fischernest.

Punta Mujeres, ›Kap der Frauen‹, heißt der Ort, weil sich hier einst die Fischersfrauen aus den umliegenden Dörfern trafen, um die Zeit ohne ihre Männer zu überbrücken. Hier hüteten sie gemeinsam ihre Kinder, stickten und nähten.

Punta Mujeres hat sein Aussehen fast unverändert erhalten. Kleine einfache Reihenhäuser säumen die parallel zur Hauptstraße verlaufende schmale Gasse direkt am Meer.

Schwarze Lavabrocken begrenzen die felsige Küste, im engen Hafenbecken schaukeln ein paar Fischerboote. Dann folgt eine kleine Sandbucht mit geradezu ›blondem‹ Sand im Scheitelpunkt – ein Planschparadies für Kinder. Die Bar *La Piscina* offeriert hier leckere Tapas. Es schließen sich zwei weitere kleine Buchten an, eine davon sogar mit aufgeschüttetem hellen Sand. Kurz: Wer geruhsame Ferien in guter, frischer Seeluft genießen möchte, ist in Punta Mujeres gut aufgehoben. Viel Unterhaltung darf man nicht erwarten, wer Abwechslung sucht, kann von hier aus nach Arrieta schlendern.

i Praktische Hinweise

Ferienwohnungen

Casa Azul, Calle las Salinas 30, Punta Mujeres, Tel. 928 59 14 82. Schlichte Unterkünfte direkt am Meer, mit Dachterrasse und Grillecke.

Casitas del Mar, Carretera Arrieta Punta Mujeres s/n, www.casitas-del-mar. com. Blaue Fensterläden kennzeichnen die einfache Ferienanlage am Meer mit ihren Dachterrassen.

Restaurants

Palenke, Calle Las Salinas 36, Punta Mujeres, Tel. 928 84 80 18. Gerne sitzt man hier draußen im Schatten und schaut direkt dabei zu, wie frischer Fisch, Gemüse oder Fleisch (Steaks & Kalbskoteletts) auf dem offenen Grill zubereitet werden. Kanarische, kolumbianisch angehauchte Küche in familiärer Atmosphäre. Auf Nachfrage gibt es auch Musikeinlagen.

Tres Lunas, Calle Las Salinas, Punta Mujeres, Tel. 928 17 34 16. Nettes Lokal mit Terrasse über der schmalen Straße am Meer. Frische Fischgerichte, Paella, relativ preiswert (tgl. 12–21 Uhr).

9 Jameos del Agua

Die blinden Albinokrebse haben dieses Grottensystem fast bekannter gemacht als das großartige Natur-Architektur-Kunstwerk Manriques.

Nur etwa 2 km von Punta Mujeres entfernt liegen nahe der Küste die Jameos del Agua. Dieses Vulkangebilde verdankt seinen Namen dem altkanarischen Wort *Jameo*, was soviel wie Kamin oder Einbruch mit Öffnung nach oben bedeutet. Tatsächlich handelt es sich hier um einen Teil des mehr als 7 km langen Lavatunnels, der beim Ausbruch der *Montaña Corona* entstanden ist, als die oberen Lavaströme bereits erkaltet waren, während die unteren weiterflossen.

Das **Grottensystem** (Tel. 928 84 80 20, www.centrosturisticos.com, tgl. 10–18.30, Sa bis 22/24 Uhr) ist das meistbesuchte Touristenziel der Insel. Denn man kann sich stundenlang darin aufhalten, sich musikalisch und kulinarisch verwöhnen lassen, sich an den Darbietungen einer Folkloregruppe erfreuen, ein Museum besuchen und über die Arbeit César Manriques staunen, der das gesamte Höhlensystem erschlossen hat.

Eine der Grotten wurde mittlerweile sogar zu einem **Bar-Restaurant** mit Tanzfläche umgestaltet, in dem auch mitreißende Abendveranstaltungen stattfinden [s. S. 55]. Auf einer tiefer liegenden Ebene befindet sich ein kleiner **Salzwasser-See**. Am Steigen und Sinken seines Wasserspiegels kann man den Gezeitenstand ablesen. Wie kleine Sterne leuchten da die unter Artenschutz stehenden, blinden **Albinokrebse** mit dem stolzen wissenschaftlichen Namen *Munidopsis polymorpha* in dem dunklen Gewässer. Die kleinen Tierchen, die normalerweise in den Tiefen der Ozeane zu Hause sind, könnten durch ein Seebeben in die Höhle gelangt sein.

Im Museum der Jameos del Agua, der **Casa de los Volcanes** (Haus der Vulkane), sind auf 2500 m² Fläche und auf zwei Ebenen eine seismographische Messstation und ein Konferenzraum untergebracht, in dem interessierte Besucher an Seminaren über die **Vulkanologie** der Insel und ihrer Nachbarinnen teilnehmen können. Fotos dokumentieren die besondere Pflanzenwelt Lanzarotes, vorwiegend Sukkulenten (Trockengewächse). Mehr als ein Drittel Lanzarotes und die nördlich vorgelagerten Inseln stehen unter Naturschutz. Auch vor Ort übte man Verzicht: Die aufwendig gestaltete Casa de los Volcanes war ursprünglich als *Parador Nacional* konzipiert worden. Doch dann entschied man sich gegen das Hotel und für ein Museum.

Im großen **Auditorium**, einem unterirdischen Saal, der 500 Personen fassen kann, finden regelmäßig Klassik- oder Popkonzerte von Weltrang statt.

ℹ Praktische Hinweise

Restaurant

Jameos del Agua, in den gleichnamigen Höhlen, Tel. 928 84 80 24. Romantische Kerzenschein-Atmosphäre auf verschiedenen Ebenen, Sa auch abwechslungsreiche Folkloredarbietungen und Tanz. Dazu gibt es kanarische Spezialitäten und Weine (Bar tgl. 10–18.30, Restaurant 11–16.30, Sa auch 19–22/23 Uhr, Zutritt nur mit Abendkleidung).

10 Quesera de Bravo und Cueva de los Verdes

Altkanarische Hinterlassenschaft und ein aufregendes Höhlensystem.

Von den Jameos del Agua zur Cueva de los Verdes sind es höchstens 5 Min. Fahrt. Auf der Strecke zweigt nach ca. 60 m links von der LZ 1 im rechten Winkel ein kaum erkennbarer Trampelpfad nach Süden ab. Er führt über spitzes Lavagestein mit kargem Tabaiba- und Verode-Bewuchs (Wolfsmilch und Oleanderblättrige Kleinie, die Affenpalme) und mehrere Rohrleitungen zu einer kleinen Erhebung mit der archäologischen Stätte. Es ist nur ein kurzer Abstecher zu Fuß, es sei denn, man verläuft sich bei der Suche. Aber die Straße ist nicht weit, und so kommt man schnell wieder aus dem Lavagrund heraus. **Quesera de Bravo** nennen die Historiker die Rillen im Fels, doch welche Funktion sie hatten, darüber ist man sich noch uneins.

Quesera heißen die Rillen genauso wie die bei Arrecife [s. S. 37], weil ihr Profil im harten Gestein an ein Ablaufsystem erinnert, das man bei der *Käseproduktion* für das Abfließen der Molke braucht. Dass es sich um eine Art *Reihenmörser* handeln könnte, davon war zumindest der ortsansässige, inzwischen verstorbene Hobbyarchäologe Juan Brito sen. überzeugt, der Spuren von Korn in den Ritzen gefunden haben will. Vielleicht hat man hier aber auch die Äste der *Tabaiba*, des Wolfsmilchgewächses, zerquetscht, um

Jameos del Agua – Gesamtkunstwerk und beliebteste Touristenattraktion der Insel

Fantastisches Farbenspiel der Mineralien in der Lavahöhle Cueva de los Verdes

den milchigen Saft zu gewinnen, mit dem die Ureinwohner Fische fingen, Kranke heilten und angeblich sogar Handel mit den Römern trieben.

Am plausibelsten erscheint die Deutung als *Kultplatz*. Vielleicht handelte es sich um Altäre, auf denen die Guanchen den Göttern Tierblut oder Milch opferten und sie um Regen anflehten. Jedenfalls stimmen die Wissenschaftler darin überein, dass die Queseras für die Altkanarier von großer Bedeutung gewesen sein müssen. Warum sonst hätten sie sich so geplagt, um die tiefen, breiten Rillen – ohne Metallwerkzeug! – in den harten Vulkanfels zu schlagen?

Nach diesem Ausflug ist die **Cueva de los Verdes** (Tel. 928 84 84 84, www.centrosturisticos.com, tgl. 10–18, Juli–Sept. 10–19 Uhr, letzter Einlass 1 Std. vorher) bald erreicht. Sie ist Teil eines mehr als 7 km langen Höhlensystems, das vom Corona-Vulkan kommend zu den Jameos del Agua verläuft und schließlich ins Meer mündet. Ob Sommer oder Winter, die Temperatur in den Höhlen liegt bei 18–19 °C. Die Cueva ist aufgrund ihrer größeren Ursprünglichkeit ein viel aufregenderes Höhlensystem als die beinah zu fein herausgeputzten Jameos del Agua [s. S. 54]. Man kann sie nur im Rahmen einer rund 45-minütigen **Führung** besichtigen, für die man allerdings Trittsicherheit mitbringen sollte. Einzelpersonen müssen warten, bis sich eine Gruppe gebildet hat, was aber selten lange dauert. Die Führer sind sehr versiert, sprechen aber nur Spanisch und Englisch.

1964 wurde die Cueva dem Publikum zugänglich gemacht. Sie besteht aus zwei großen übereinanderliegenden langen Röhren und kann auf einer Länge von etwa 1 km begangen werden.

Für die Guanchen waren solche Höhlen gute **Zufluchtsorte**, da sie wegen der meist engen Einstiege leicht verteidigt werden konnten. Juan Brito sen. hatte darüber hinaus weitere 66 kleinere Höhlen in dieser unwirtlichen Gegend entdeckt, die seiner Meinung nach den Altkanariern als *Wohnsitz* gedient haben müssen. Während der Vulkanausbrüche 1730–36 im Süden der Insel hatten sich viele Einheimische in den Norden geflüchtet und dort solche Höhlen bewohnt. In dieser Höhle soll eine Sippe namens *Los Verdes*, ›die Grünen‹, untergekommen sein, die es zumindest in der vorderen großen **Halle**, durch die man heute einsteigt, recht komfortabel gehabt haben muss.

Auch wenn die raffinierte indirekte *Beleuchtung* der Cueva, die auf Jesús Soto zurückgeht, einen hervorragenden Elektriker und Freund Manriques, recht gut ist, empfiehlt es sich dennoch, eine Taschenlampe mitzunehmen, um etwa Felsformationen genauer betrachten zu können. Von der Eingangsgrotte steigt man eine steile Steintreppe hinab in eine lang gestreckte **Höhle**, in der Lavabrocken wild durcheinander liegen. Der folgende lange **Tunnel** hat markante Querstreifen an den Wänden. Sie entstanden eventuell dadurch, dass die heiße Lava durch ein bereits vorhandenes, unterirdisches Flussbett geflossen ist. Dabei könnte sie die Steine, die links in der Höhle liegen, vor sich hergeschoben haben. Wieder geht es abwärts. Durch ein Loch kann man in der Höhe mehrere **Galerien** übereinander erkennen. Zwischendurch ist Bücken angesagt: Von der Decke hängen erstarrte Lavatropfen, die aussehen wie erkalteter Schokoladenguss. Die Wände aber sind mit einer dunklen, fast glatten Schicht überzogen.

Nun führt eine Treppe hinauf zu einem sehr langen, hohen und bequem zu begehenden Gang, dem **Konzertsaal**. Nur seine Bühne ist gemauert, alles andere ist Natur pur. Das Höhlensystem erstreckt sich von hier 1,6 km weiter bis zu den Jameos del Agua. Dann, ca. 50 m unter dem Meeresboden, nochmals 1,6 km bis ans Ende des dort mit Wasser gefüllten Tunnels, wie Höhlenforscher bei einem Tauchgang festgestellt haben.

Die *Akustik* im Konzertsaal, der Platz für bis zu 300 Personen bietet, ist perfekt, wie

Selbst im Malpaís de la Corona wachsen noch Wolfsmilch und Oleanderblättrige Kleinien

die zwischen Okt. und Dez. veranstaltete Konzertreihe *Música en los CACT* [s. S. 131] beweist. Wegen fehlender Infrastruktur – Bar, Restaurant etc. – werden darüber hinaus hier jedoch nur selten Konzerte gegeben. Weiter hinten verbirgt sich eine *Messstation*, die für Besucher gesperrt ist. Von hier wird die vulkanische Tätigkeit auf Lanzarote überwacht.

Teilweise gebückt geht es die Treppe links hinauf zur sog. **Kathedrale**. Geradeaus scheint sich ein tiefes Loch zu öffnen, an dem die Höhlenführer gerne mit einer Überraschung aufwarten. Gegen Ende des Rundgangs schaut von oben ein schreckliches Quasimodo-Gesicht auf die Besucher herab, mit einem Glupschauge, Hakennase und kaputten Zähnen. Darunter öffnen sich nochmals mehrere tiefe Schlünde, dann gibt es wieder eine kleine optische Täuschung – und hinauf geht es zum Ausgang, der von großblättrigen Yams-Stauden gerahmt wird.

Das auf der Weiterfahrt nach Norden, Richtung Mirador del Río, ansteigende und ziemlich verwittert wirkende *Malpaís de la Corona* wurde von den Bauern Lanzarotes in fruchtbares Land verwan-delt. Aus den aufgeklaubten Steinen haben sie Windschutzmäuerchen errichtet, zwischen denen sich Feigenbäume und Weinstöcke ducken. An den immer wieder aufziehenden Passatwolken erkennt man, dass der Norden feuchter ist als die übrigen Teile der Insel – was für die Vegetation Wunder bewirken kann.

Etwa 4 km sind es von der Cueva de los Verdes bis zur Kreuzung Los Molinos. Dort führt die Straße geradeaus zum *Mirador del Río* [s. S. 68 f.], rechts aber zum 6 km entfernten Órzola.

11 Órzola

Nirgendwo auf der Insel gibt es so köstlich-frischen Fisch wie in Lanzarotes nördlichstem Ort, dem Ausgangspunkt für die Überfahrt auf die Insel La Graciosa im Chinijo-Archipel.

Zwischen den Jameos del Agua und Órzola im ›hohen Norden‹ sind es gerade einmal 9 km, aber für Naturliebhaber ist diese Fahrt entlang der Küste, am Rande des **Malpaís de la Corona**, sicher ein ganz besonderes Erlebnis. Im Sommer haben

Im Fischerhafen von Órzola starten die Boote zum kleinen Inselchen La Graciosa

den. Bei Jeep-Ausflüglern ist vor allem **Mojón Blanco** beliebt, weshalb Naturschützer große Steine in den Weg gelegt haben, um zu verhindern, dass die Geländewagen bis ans Wasser fahren.

Eine große, fast weißsandige **Düne** wird ein Stück weiter von der Straße durchtrennt. Manchmal überschwemmt sie das Asphaltband wieder, dann sollte man vorsichtig fahren, damit das Auto nicht steckenbleibt. Deutlich ist der Kontrast der Formen und Farben zwischen der schwarzen Lava und der hellen Düne. Beim Blick über das Meer sieht man zur Rechten den hoch aufragenden Roque del Este, das östlichste Minieiland Lanzarotes. Bald taucht auch die Insel Montaña Clara, bei guter Sicht sogar das weiter nördlich gelegene Alegranza im Meer auf. Sie gehören alle zum **Archipiélago Chinijo** und man kann sie auf einem aufregenden Bootsausflug umrunden [s. S. 60].

Fast unbemerkt ist dann **Órzola** erreicht, das außer seiner herrlichen Lage und den guten Fischlokalen keine weiteren Attraktionen zu bieten hat. Eine ganze Reihe Restaurants lockt entlang der Hauptstraße, und weitere, mit Meerblick, findet man an der Fußgängerpromenade über den Klippen. Inzwischen gibt es auch mehrere Ferienapartmentanlagen.

Die **Playa de la Cantería** ist bei Bodysurfern beliebt. Eine Staubpiste führt von der Hauptstraße nahe dem Transformatorhäuschen dorthin. Zwischen den Lavafelsen vor den *Fariones* – den steil aufragenden Felsnadeln, die das Nordende von Lanzarote markieren – gibt es an diesem Strand auch sandige Abschnitte.

die kleinwüchsigen Tabaiba (Wolfsmilchbüsche) und Verode (Oleanderblättrige Kleinie) zwar ihre Blätter, die im Winterhalbjahr einen freundlich-grünen Teppich über der Steinwüste ausbreiten, abgeworfen, doch auch die grünlich-gelben Flechten auf den Lavabrocken bieten einen farbefrohen Anblick. Links zeigt sich der offene Schlund des so harmlos erscheinenden Vulkans **Corona**, der vor etwa 5000 Jahren den Nordosten der Insel mit seiner Schlacke bedeckt hatte.

Im Osten wird das Malpaís vom Meer begrenzt, in das die Lava floss und teilweise bizarr zerklüftete, meist einsame **Buchten** bildete. Manche sind sogar mit hellem Sand gefüllt, etwa Caleta de Guincho, Mojón Blanco, Caleta del Mero und Caletón Blanco. Sie sind von der nahen Straße, an der man den Wagen abstellen muss, zu Fuß schnell zu erreichen. Liebhaber solcher Küsten schlagen dort ihr Lager auf, sammeln Napfschnecken oder gehen fischen. Man muss sich allerdings vor den Gezeiten in acht nehmen. Es droht zwar keine Lebensgefahr, aber unangenehm ist es schon, wenn das Wasser unbemerkt steigt und womöglich die Strandutensilien weggeschwemmt wer-

ℹ **Praktische Hinweise**

Bootsausflüge

Lineas Marítimas Romero, Avda. Virgen del Mar 119A, La Graciosa, Tel. 928 84 20 55, www.lineasromero.com. Überfahrt zur Insel La Graciosa. Auskunft erhält man auch an der Busstation bzw. direkt bei den Booten. Sie fahren ab Órzola Nov.–Juni 8.30, 10, 11, 12, 13.30, 16, 17, 18, Mai–31. Okt. auch 19, Juli–20. Okt. auch 20 Uhr, ab La Graciosa Nov.–Juni 8, 8.40, 10, 11, 12.30, 15, 16, 17, Mai–31. Okt. auch 18, Juli–20 Okt. auch 19 Uhr. Fahrzeit ca. 30 Min. Es steht auch ein Katamaran für ›Unterwasser-Visions-Fahrten‹ bereit.

Biosfera Express, Tel. 928 84 25 85, www.biosferaexpress.com. Tgl. ab Órzola 8, 9, 10.30, 11.30, 13 und 16.30, 17.30, 18.30, Juli–Okt. auch 19.30 Uhr, ab La Graciosa 7, 8.10, 9.30, 10.30, 11.30 sowie 15.30, 16.30 und 17.30, Juli–Okt. auch 18.30 Uhr.

Lanzarote Active Club, Calle El Crucero 7, Costa Teguise, Mobil 650 81 90 69, www.lanzaroteactiveclub.com. Fachkundig begleitete Bootsausflüge zu den Inseln im Archipel, Wandertouren, Bodega Hopping. Abholung auf ganz Lanzarote.

Tauchen

Centro Buceo, c/o Lineas Marítimas Romero, an den Molen von Órzola wie La Graciosa, Tel. 902 40 16 66 und 928 84 20 55. Tauchgänge in den nördlichen Gewässern sowie Bootsausflüge.

Restaurants

Bahía de Órzola, Calle La Quemadita 1, Órzola, Tel. 928 84 25 75. Nettes Fischlokal am Scheitelpunkt der Promenade.

Casa Arraez, Calle Peña de Dionisio 8, Órzola, http://restaurante-casa-arraez.webnode.es. Kleines Fischlokal im blau-weißen Marine-Look mit Meerblick.

Perla del Atlántico, Calle Peña de Dionisio, Órzola, Tel. 928 84 25 89. Rustikal eingerichtetes, mit Fischernetzen dekoriertes Lokal am Ende der Promenade unweit des Hafens.

12 La Graciosa

Zauberhafte Fischerinsel mit traumhaften Sandstränden und einsamen Felsbuchten.

›Reserva Marina Isla Graciosa‹ kündigt ein großes Plakat am Hafen von Órzola die vorgelagerte Insel La Graciosa und ihre kleinen Nachbarinnen, die *Islotes del Norte de Lanzarote*, an. Und da wäre man schon beim Kernproblem: Die Leute von La Graciosa, der einzigen bewohnten Insel des kleinen Chinijo-Archipels, sind zufrieden damit, dass ihre Insel ein maritimes Reservat ist. Mehr wollen sie nicht. Das ferne Madrid aber möchte aus der Region einen streng geschützten *Nationalpark* machen, was u.a. die Fischereirechte erheblich einschränken würde. Dennoch treibt die Regierung die Angelegenheit voran, der angestrebte Nationalpark würde immerhin auf einer Fläche von 462,63 km² eine Vielzahl mariner und

terrestrischer Lebensräume schützen sowie Ökosysteme, die sich durch eine große Artenvielfalt auszeichnen.

Dafür, dass sich nicht allzu viel auf der Insel änderte, sorgte 22 Jahre lang bis 2009 die resolute Bürgermeisterin mit dem Kosenamen Margarona, die den größten Supermercado der Insel besitzt. Dann gibt es hier noch einen Metzger, eine Bäckerei, eine Minibank und ein Minipostamt, eine Apotheke, eine kleine Klinik, mehrere Telefonzellen und Restaurants, zwei Pensionen und einige Ferienwohnungen für Urlauber, die auf der ›Anmutigen‹ faulenzen, schwimmen, schnorcheln oder Rad fahren möchten. Die Entfernungen sind nicht groß, aber es gibt keine einzige Asphaltstraße, sodass selbst **Mountainbikes**, die man vor Ort ausleihen kann, so manches Mal durch den tiefen Sand geschoben werden müssen. Aber es macht trotzdem Spaß! Seit es mehrmals täglich Fährverbindungen nach La Graciosa gibt [s. S. 59/60], könnte man jedoch um die Beschaulichkeit auf der kleinen Insel fürchten.

Blick vom Mirador del Río auf La Graciosa und den Hafen von Caleta del Sebo

Autos dürfen nicht auf die Insel mitgenommen werden, denn hier verkehren nur einheimische Fahrzeuge – natürlich Geländewagen, wohl um die 300 Stück, und es werden immer mehr. Mit ihnen lässt sich eine Stange Geld verdienen: Auf keiner anderen Kanarischen Insel kostet eine Rundfahrt mehr als hier, ist der Service, die Gäste zu den verschiedenen Badebuchten zu kutschieren, um sie dann später wieder abzuholen, teurer.

Geschichte Die 28 km² große Insel ist wie Lanzarote vulkanischen Ursprungs. Erloschene **Vulkane** prägen das Erscheinungsbild. Die höchsten Erhebungen sind in der Inselmitte die Agujas Grandes (266 m) und die Agujas Chicas (257 m), im Norden die Montaña Bermeja (157 m) sowie im Süden die Montaña del Mojon (185 m) und die Montaña Amarilla (172 m).

Vor etwa 16 Mio. Jahren schleuderten gewaltige Eruptionen Magma aus dem Erdinneren nach oben und rissen große Platten des Meeresbodens mit sich. Dieser bestand aus Sedimenten, aus fossilierten Korallen, Muscheln und anderem Meeresgetier. Diese *Fossilien* sind zu Füßen der Vulkanberge noch heute in großer Zahl zu finden.

Auf La Graciosa, dem früheren Versteck für **Piraten**, das niemand ständig bewohnen wollte, da es keine Süßwasserquellen gab, erwarb der Unternehmer **Silva Ferro** aus Teguise 1876 die Weide- und Fischrechte. Er ließ sogar eine *Fischfabrik* bauen, was einige Fischer und Arbeiter aus Arrieta und Arrecife dazu veranlasste, sich auf dem Eiland anzusiedeln. Doch schon 1899 war das mutige Unternehmen bankrott. Die wenigen Familien blieben trotzdem auf La Graciosa, denn schlimmer als auf dem hungersnotgeplagten Lanzarote konnte es ihnen hier auch nicht ergehen. Trinkwasser holten sie mühsam von der Quelle bzw. der Galerie am Risco de Famara [s. S. 69] auf Lanzarote. Ihr Leben fristeten sie mit **Fischfang** und hielten darüber hinaus kleine Ziegenherden, die

Goldene Abendstimmung auf La Graciosa – die letzten Strahlen der untergehenden Sonne tauchen Caleta del Sebo in romantisches Licht

allerdings allmählich auch den letzten Grashalm vom kargen Boden abknabberten. Dank immer größerer Boote wurde die Fischerei immer lukrativer, denn man konnte jetzt die Netze nicht mehr nur in den eigenen – fischreichen – Gewässern auswerfen, sondern auch vor der afrikanischen Küste. Keiner wurde reich dabei, aber es ließ sich ganz gut leben.

Hauptort der Insel war damals noch **Pedro Barba** im Nordosten, das sich inzwischen zu einer feinen Feriensiedlung gemausert hat [s. S. 64]. Der heutige Hauptort, **Caleta del Sebo** (Bucht des Fischfetts), liegt im Schutze des Risco de Famara und näher an Lanzarotes Hafen Órzola. Hier leben die max. 660 Einwohner der Insel, und hier steht ihre erst 1974 erbaute kleine Kirche. 1979 haben sich die Inselfischer zur Sicherung ihrer Lebensgrundlage zu einer Genossenschaft zusammengeschlossen, ihre Boote aus Sicherheitsgründen mit Seefunkgeräten ausgestattet, in Caleta del Sebo eine neue Hafenmole mit Hebekran errichtet, ein Kühlfahrzeug erworben und schließlich ein recht großes *Kühlhaus* mit starker Eisproduktion (2500 kg tgl.) gebaut. Das Eis ermöglicht es den Fischern, ihren Fang auf hoher See frisch zu halten.

Schubkarren für das Gepäck – vereinzelt nutzen die La Grancioser die praktische Carretilla noch als Transportmittel

Das **Trinkwasser** kommt, wie auch der Strom, über Leitungen, die auf dem Meeresboden verlegt wurden, von Lanzarote herüber – ein Komfort, den man auch angesichts des gestiegenen Touristenaufkommens dringend braucht.

Caleta del Sebo

Mit der Fähre benötigt man 30–40 Min., um über die 2 km breite Wasserstraße Río von Órzola nach Caleta del Sebo zu gelangen. Dort warten schon Pensionswirte mit Autos. Die berühmten Schubkarren, die einst als Transportmittel dienten, gehören fast schon der Vergangenheit an.

Die Hafenfront dominiert das Bar-Restaurant **El Varadero** mit seiner einladenden Terrasse, links vorbei geht es zu den beliebten Stränden, rechts zur Eisfabrik. Dahinter liegt das eigentliche Zentrum des Fischerdorfes. Dort stößt man auch auf die kleine weiße Kirche **Virgen del Mar**. Außen ist sie unscheinbar, innen ausgestattet mit typischen Fischerutensilien wie Anker, Boot und Netzen. Die Wohnhäuser sind schlichte, meist einstöckige, weiß getünchte Kuben. Die Hauptstraße, die eine dürftige Palmenreihe schmückt, ist, wie alle Wege auf der Insel, nicht asphaltiert, sondern eine sandige Piste. Eine Straßenkreuzung wurde mittlerweile zu einem hübschen kleinen Park

umgestaltet, dessen Mitte der **Aljibe** einnimmt, die frühere Zisterne des Dorfes.

Durch die Gassen sieht man noch immer Frauen mit den für La Graciosa so typischen stumpfkegeligen Strohhüten eilen, die manchmal auch von Männern getragen werden.

Strände und Buchten für jeden Geschmack

Von Caleta del Sebo aus lässt sich zu Fuß, aber auch mit dem Mountainbike eine landschaftlich äußerst reizvolle Tages-Rundtour unternehmen zu einladenden Sandstränden und flachen felsigen Buchten, zu wilden Klippenformationen und dunklen Steilküsten. Man läuft dabei über Schneckenhäuser, die unter Knirschen zerbrechen, erklimmt mager bewachsene Dünen, bleibt im Sand stecken oder erquickt sich in den Wellen.

Die Tour führt zunächst im Uhrzeigersinn von einer weiten Bucht über den recht steinigen Hausstrand der **Punta Corrales** zur **Bahía del Salado** – für viele der schönste Strandabschnitt der Insel: Bei Ebbe kann man über glatte Felsplatten laufen, in deren wassergefüllten Vertiefungen Krebse, Schnecken, Muscheln und nicht selten kleine Fische zurückgeblieben sind. Bei Flut bildet sich inmitten des feinsandigen Strandes ein großer *Charco* – eine Lagune, in deren flachem Wasser Kinder bestens planschen können.

Nach einigen Hundert Metern steigt der Weg nach Westen an, um dann bald zu einer der beliebtesten Badebuchten der Insel, zur **Playa Francesa**, abzufallen. Es folgt, über recht hohe Dünen erreichbar, die **Playa de la Cocina**, die auf der Meerseite von dekorativen Felsen eingefasst ist – ein Strand für FKK-Fans. Der ›gelbe Berg‹ **Montaña Amarilla**, der stellenweise auch schwarz funkelt, bildet eine herrliche Kulisse für die kleine Bucht mit ihrem smaragdgrünen Wasser.

Die gesamte Westküste ist den Unbilden des Atlantiks schutzlos ausgesetzt, weshalb unsichere Schwimmer und Kinder hier besser nicht baden sollten. Dennoch lohnt der Ausflug zu der fast an der Nordspitze von La Graciosa gelegenen traumhaften **Playa de las Conchas** auch für Familien. Diese Bucht heißt zu Recht ›Strand der Muscheln‹, besteht doch ihr fast weißer Sand aus Abermillionen zerfallener Muscheln. Stramme Marschierer erreichen den Platz von Caleta del Sebo aus in etwa zwei Stunden. Die tosende und gischtende Brandung inszeniert ein gewaltiges Naturschauspiel. Außerdem kann man von hier einen herrlichen Blick auf die unbewohnten Nachbarinselchen genießen, die zusammen mit La Graciosa und Teilen der Nordküste Lanzarotes den **Parque Natural del Archipiélago Chinijo** bilden. Der Chinijo-Archipel ist der wichtigste Laichplatz für die meisten lokalen Fische und daher auch die Existenzgrundlage für die Fischer. Unter besonders strengem Naturschutz stehen als **Reserva Natural Integral de Los Islotes** die nördlich an La Graciosa anschließenden Inselchen Montaña Clara und Roque del Oeste sowie das östlich gelegene Roque del Este.

Links sieht man die 256 m hohe **Montaña Clara**, einen wichtigen Nistplatz für Meeresvögel, mit wunderschönen Bade- und Angelbuchten, die nur mit einem gemieteten Boot plus Steuermann erreichbar sind. Geradeaus liegt der kleine **Roque del Oeste** (des Westens) bzw. **Roque del Infierno** (der Hölle) mit seinen 41 m Höhe. Rechter Hand erstreckt sich in größerer Entfernung das Vogelschutzgebiet **La Alegranza** (289 m), wo bis 1969 der letzte Leuchtturmwächter Lanzarotes mit seiner Familie lebte. Heute wird der Leuchtturm automatisch betrieben.

Hat man das nordwestliche Kap **Punta Gorda** umrundet, so kommt man hinter der 155 m hohen Montaña Bermeja zu den ungeheuer eindrucksvollen **Caletones**: Hier hat sich an der schwarzen Steilküste aus harten Basaltblöcken ein tiefer Fjord eingegraben, in dem es zischt und brodelt wie in einem Hexenkessel. Ihn überspannt eine imposante Basaltbrücke. Interessant ist hier auch der Kontrast zwischen dem hellen Dünensand, auf dem man steht, und den schwarzen, nassglänzenden Basaltblöcken – ein Anblick, der nicht nur Fotografenherzen höher schlagen lässt. Zum Schwimmen eignen sich die Caletones nicht unbedingt, dafür aber wunderbar zum Angeln.

Hinter der kleinen **Playa del Ámbar** (auch Playa Lambar) wird der Weg aufgrund der tiefen Sandpiste recht beschwerlich – vor allem für jene Mountainbiker und Jeepfahrer, die sich erst ein Stück nach Süden Richtung Inselmitte aufmachen, um dann nach **Pedro Barba** an der Ostküste abzubiegen.

Die früheren Bewohner haben ihre Häuser vor etlichen Jahren an reiche Festlandspanier und Lanzaroteños verkauft. So ist aus dem einstigen Hafenort eine feine Siedlung entstanden, mit rund 20 wunderschönen, strahlendweiß gestrichenen Steinhäusern, die mit Strom aus den nahe gelegenen, kleinen Solaranlagen versorgt werden und auf 2000 m² Grund stehen. Nach Pedro Barba führt keine Wasserleitung, das kostbare Nass wird in Tanks geliefert. Der Bedarf ist ohnehin nicht groß, denn die Domizile sind lediglich während der *Semana Santa*, der Karwoche, und in den Sommerferien bewohnt. Dann schaukeln ein paar teure Segel- oder Motorboote im kleinen Hafen, und der schmale Sandstrand füllt sich vor allem mit Kindern und Jugendlichen.

Die Playa Francesa gehört zu den beliebtesten Badebuchten von La Graciosa

In einem blumengeschmückten Holzboot wird die Figur der Virgen del Carmen, Schutz-patronin der Fischer und Seefahrer, zum Prozessionsschiff getragen

Meeresprozession für Nuestra Señora del Carmen

La Graciosa am 15./16. Juli vor der Kirche der Fischer in Caleta del Sebo: Der Pfarrer mit dem Megaphon, dann der Chor, ein paar Honoratioren wie zum Beispiel der Präsident der Fischereigenossenschaft, und schließlich die Figur der **Nuestra Señora del Carmen**, der Schutzheiligen der Seeleute und Küstenfischer.

Die liebliche Madonna mit Kind steht in einem blumengeschmückten Holzboot, einer Art Sänfte, die von vier starken Männern getragen wird. Um sie herum scharen sich die Inselbewohner. Bedächtig, im Rhythmus des von einer Gitarre begleiteten **Chors** und der aus dem Megaphon dröhnenden Stimme des Vorsängers, bewegt man sich durch die Gassen von Caleta del Sebo in Richtung Meer. An den grün- und blaulackierten Rahmen ihrer Türen und Fenster lehnen die Zuschauer.

Am Hafen dann wird die Virgen del Carmen unter lauten Anweisungen der Männer auf das mit farbenprächtigen Wimpeln geschmückte **Prozessionsschiff** gehievt, das, begleitet von dumpfen Böllerschüssen, zischenden Raketen und ohrenbetäubendem Sirenengeheul, den Hafen in Richtung **Órzola** verlässt. Ihm folgen zahlreiche Wasserfahrzeuge, allen voran die bunten Hochseekutter der Thunfischfänger, die, sonst in Arrecife oder anderen Häfen der Kanaren stationiert, zu Ehren ihrer **Schutzpatronin** für mehrere Tage nach Hause gekommen sind. Zwischen der pulvergeschwärzten Armada, die auf den markanten Famara-Felsen zusteuert, tummeln sich Motorboote, sausen knallfarbene Jet-Skis über die Bugwellen. Ausnahmslos junge Männer, mit der unvermeidlichen Zigarette im Mundwinkel, steuern die Flitzer, auf dem Sozius die Braut, der man zeigt, was ein Mann ist.

Nach der Prozession halten die älteren Semester ihre **Siesta**, die jüngeren frequentieren die am Hafen aufgebauten Buden. An solchen Festtagen fließen dann auch reichlich Bier und Cuba libre durch die Kehlen. Die Kneipen öffnen dann wieder nach 22 Uhr, denn erst um Mitternacht beginnt die **Verbena**, das große Fest, an dem alle teilnehmen können. Am Morgen, wenn die wenigen Touristen in der Bar einen Kaffee bestellen, sitzt der harte Kern der Prozessionsteilnehmer noch mit Timple und Gitarre im Wirtshaus; der Vorrat an ›Lumpenliedern‹ scheint nicht zu versiegen.

Südwestlich von Pedro Barba liegt ein großflächiges Sandgebiet, das man am besten zu Fuß durchstreift. Es wird von dem tiefen **Barranco de los Conejos** durchschnitten. Ihm sollte man abwärts vorbei an unzähligen Fossilien, versteinerten Erdwespennestern, Muscheln, Seeschnecken oder Korallen zur Ostküste folgen, wo er eine wunderschöne kleine hellsandige Bucht bildet, die **Caleta de los Conejos** (Kaninchenbucht).

Von hier aus kann man zu Fuß entlang der malerischen Küste in etwa einer halben Stunde nach Caleta del Sebo zurückschlendern. Man erreicht zunächst den Ortsteil **La Sociedád**, der nach der ›Gesellschaft‹ der Fischer benannt ist, die hier früher ihren Anlegeplatz und ihre Lagerräume hatte. Noch heute treffen sich die alten Männer lieber am Puerto de la Sociedád als am großen neuen Fischereihafen im Ortsteil La Caleta. An ihrem

Fischfangkutter schaukeln in der Meerenge El Río zwischen La Graciosa und Lanzarote

Bitte nicht stolpern – bei Ebbe bilden sich an La Graciosas Felsküsten kleine Tümpelchen, in denen sich Fische und Muscheln sammeln

zur Playa del Risco auf Lanzarote. Fähre Órzola–La Graciosa [s. S. 59/60]. Gut organisierte Boostausflüge zu den Vulkaninselchen bietet auch der Lanzarote Active Club [s. S. 60].

Jeeptouren

Excursiones La Graciosa, La Graciosa, Mobil 630 43 31 10. Acht Fahrer haben eine Lizenz für Jeepfahrten auf der Insel, der Deutsche Sigi ist der einzige, der auch in deutscher Sprache die Sehenswürdigkeiten erklären kann. Eine Inseltour dauert normalerweise 1,5 Stunden und erfasst fast alle wichtigen Punkte und die schönsten Strände; zu den Badebuchten kann man sich morgens hinfahren und spätnachmittags wieder abholen lassen.

Fahrradverleih

Natural Bike, Tel. 928 84 21 42. Auch bei den Apartmentvermietern kann man sich nach einem Drahtesel erkundigen.

Nachtleben

Disco Pub, Caleta del Sebo, in der Ortsmitte (nur Fr/Sa).

Pensionen

Enriqueta, Caleta del Sebo, Tel. 928 84 20 51. In zweiter Reihe, einfache

Mit dem Moutainbike zum Baden: Strand von Caleta del Sebo auf La Graciosa

alten Hafen oder an den schwarzen Felsen, den **Rocas**, gehen sie noch immer gleich nach der Flut auf die Suche nach den bei den Graciosern so beliebten Napfschnecken (*Lapas*).

Empfehlenswert ist übrigens auch ein kleiner Motorboot-Ausflug von Caleta del Sebo aus zum herrlichen, auf der großen Nachbarinsel Lanzarote am Fuße des steilen **Risco de Famara** gelegenen Strand **Playa del Risco**, den man sonst lediglich auf einer anstrengenden Wanderung vom Mirador del Río [s. S. 69 f.] erreichen kann. Nur auf La Graciosa wird man Fischer bzw. Vermieter finden, die diese Bootstour ermöglichen.

ℹ️ Praktische Hinweise

Information

In jeder Pension bzw. bei den Vermietern der Ferienwohnungen in Caleta del Sebo. Gute Informationen findet man auch unter www.lagraciosa.de

Bootsausflüge

Auskunft am Hafen oder in einer der Bars: Alegranza und Montaña Clara können von La Graciosa aus per Boot erreicht werden. Den Preis unbedingt vor der Überfahrt mit den Fischern aushandeln. Das gilt auch für einen Ausflug

Zimmer mit Dusche. Organisation von Ausflügen. Im Erdgeschoss ein recht gutes Restaurant mit Fischspezialitäten.

Girasol, Caleta del Sebo, Tel. 928 84 21 18, www.graciosaonline.com. Schöne Pension, direkt am Bootshafen gelegen. Mit gutem Fischrestaurant. Acht freundlich eingerichtete Zimmer.

Ferienwohnungen

Luís Cabrera, Calima 85, Caleta del Sebo, Graciosa, Tel. 928 84 21 20, www.aparta mentos-lagraciosa.com. Acht hübsch eingerichtete, preiswerte Apartments in zweiter Reihe, 10 Min. zu Fuß vom Hafen entfernt. Bei Vorausbuchung wird ein Taxi zum Flughafen Arrecife geschickt. Fahrtdauer bis Órzola 30–40 Min., dann noch einmal so lange Überfahrt mit dem Boot.

Romero, Caleta del Sebo, Graciosa, www.lineasromero.com. Verschiedene Apartments (das größte verfügt über 100 m²) für jeweils 2–4 Personen am Hafen oder in Hafennähe. Im Besitz der Familie Romero, die die Fährlinie zwischen Caleta del Sebo und Órzola betreibt.

Bar-Restaurants

Casa Chano, Avenida Virgen del Mar 131, Caleta del Sebo, Graciosa, Tel. 928 84 20 68. Nettes Lokal, in dem kanarische Küche serviert wird. Beliebter Treff der Einheimischen.

El Marinero, Caleta del Sebo, Graciosa, Tel. 928 84 20 70. Einfache Fischkneipe an der Hauptgasse des Dorfes.

El Varadero, Avenida Virgen del Mar 123, Caleta del Sebo, Graciosa, Tel. 928 84 21 75, www.elvaradero.weebly.com. Restaurant am Hafen mit einigen Zimmern.

13 Mirador del Río

 Manrique-Attraktion mit einzigartiger Sicht auf die Nachbarinsel La Graciosa.

In der Nähe der **Atalaya Grande** bzw. **Batería Grande** befindet sich in 475 m Höhe ein weiteres beliebtes Ausflugsziel Lanzarotes – und zwar dort, wo über Jahrhunderte hinweg die Wächter auf Posten standen und feindliche Schiffsbewegungen in der Meerenge **El Río** zwischen Lanzarote und La Graciosa beobachteten.

Ein großer runder Platz mit einem schmiedeeisernen Kunstwerk, das Vogel und Fisch darstellen soll, dahinter eine grauschwarze Vulkansteinmauer mit einem runden Fenster darin: Das ist alles, was man zunächst vom Mirador del Río (Tel. 928 52 65 48, www.centrosturisticos. com, tgl. 10–17.45, Juli–Sept. 10–18.45 Uhr), dem 1974 von Manrique einfühlsam in die umgebende Natur platzierten **Aussichtspunkt** sehen kann. Durch den engen Eingang mit der kleinen Kasse gelangt

Hinter der Vulkansteinmauer des beliebten Aussichtspunktes Mirador del Río …

… wartet ein einzigartiger Blick durch die ›Windschutzscheibe‹ auf La Graciosa

man dann auf gewundenem Weg, vorbei an tropfenden Wasserfiltersteinen und grünen Farnen, in einen überraschend großen und völlig weiß gekalkten **Raum**, von dessen Decke eine mächtige Skulptur von César Manriques aus Draht und Blech hängt. Das große Panoramafenster bietet bei gutem Wetter eine Totalansicht von La Graciosa. Eine lange Bartheke an der Innenseite, ein paar Tische, eine gemütliche Kaminecke – das ist die ganze schlichte Einrichtung der **Cafeteria**. Ausgänge rechts und links führen auf die schmale Terrasse vor dem Aussichtsfenster. Innen windet sich eine Treppe über ein Zwischengeschoss, in dem Bücher und Andenken verkauft werden, hinauf aufs **Dach** zu einem weiteren Aussichtsbalkon.

Direkt unterhalb des Mirador liegen die schwer zugänglichen Steilwände des **Risco de Famara**, eines imposanten Bergrückens von 15 km Länge und bis zu 670 m Höhe. Es ist ein geradezu idealer, natürlicher Botanischer Garten mit rund 20 Pflanzenarten, die endemisch sind, also nur auf Lanzarote und vorwiegend in dieser Inselecke gedeihen. Zu Füßen des Risco breiten sich die stillgelegten Salinas del Río [s. S. 70] aus. Die Becken sind z. T. noch rosa gefärbt durch die winzigen Krebse (*Artemi salina*), die sich im dichten Salzwasser besonders gut vermehren und außerdem für die Reinigung der Salinen sorgten.

Über den 1–2 km breiten Río hinweg erblickt man die Insel La Graciosa. Man erkennt drei große und viele kleinere Erhebungen, allesamt Vulkane mit trichterförmigen Öffnungen, und den Hauptort Caleta del Sebo mit seinen weißen kubischen Häusern und dem langen, hellsandigen Strand links daneben.

Diese einzigartigen Blicke kann man freilich nur genießen, wenn keine Passatwolken über dem Risco bzw. dem gesamten Nordosten Lanzarotes hängen – was leider zu jeder Jahreszeit der Fall sein kann. Und ein- bis zweimal im Jahr kann es in dieser Region sogar ordentlich stürmen und regnen.

Wanderung vom Mirador del Río zur Playa del Risco

Unterhalb der steilen Felsen des Mirador del Río sieht man vom Aussichtspunkt und auch von der Straße aus einen idyllischen, hellen Strand liegen. Zu ihm führt ein beschwerlicher Fußweg, der nur mit geeigneten Wanderschuhen und ausreichend Wasser gewagt werden sollte. Der Einstieg befindet sich etwa 2,5 km südlich des Mirador. Erkennbar ist er an einer Straßenbucht mit Palme. Ein asphaltierter Fahrweg Richtung Meer endet an einem kleinen Parkplatz. Dort entdeckt man bereits ein paar Strommasten, zu deren Füßen eine *Aussichtsterrasse* mit herrlichem Blick auf den Risco de Femara ausgebaut wurde.

César Manrique gestaltete die Cafeteria des Mirador del Río

Und wer sich aufmerksam umsieht, wird verschiedene endemische Blumen und Büsche erkennen, viele von ihnen zwergwüchsig, weil sie sich vor dem Wind ducken müssen: z. B. die gelbblütige Kristall-Resede (*Reseda lancelotae*), den rotviolett und weiß blühenden Flaum-haarigen Strandflieder (*Limonium puberulum*) und das filzige Zwerg-Gliedkraut (*Sideritis canariensis*).

An der Terrasse startet der Zickzack-Weg hinunter zur goldfarbenen und sehr sauberen **Playa del Risco**. Der Abstieg ist in einer Stunde bewältigt, zurück braucht man die doppelte Zeit. Schatten gibt es unten nicht, dafür Natur pur und idyllische Einsamkeit, begleitet vom ewigen Gleichklang der Wellen.

Nur im August campen hier ein paar Einheimische. Jedenfalls kann man wunderbar sonnenbaden, im seichten Wasser schwimmen oder auch einen Ausflug zu den **Salinas del Río** mit der Ruine des Salzlagers (Almacén del Sal) unternehmen. Noch bis vor wenigen Jahren holten sich hier die Fischer von La Graciosa das Salz, um Sardinen einzulegen, die heute leider kaum noch in die Netze gehen. Zwar kümmert sich niemand mehr um die Salinen, doch hat man z. B. beim Blick vom Mirador del Río auf die rosafarbenen und weißen Flächen den Eindruck, als sei die Anlage noch in Betrieb. Die Erklärung ist einfach: Die gemauerten Becken füllen sich bei starkem Wellengang immer wieder von selbst mit Meerwasser, das bei hoher Temperatur verdampft. Zurück bleibt das Salz.

Ein reizvolles Ausflugsziel für Jung und Alt ist der Tropical Park von Guinate mit seinen exotischen Pflanzen und Tieren

14 Guinate

Schöner Aussichtspunkt und tropischer Garten hoch über dem Risco de Famara.

Vom Mirador del Río führt eine schmale Straße oberhalb der steilen Klippen nach Süden. Schön ist die Fahrt entlang der *Risco-Felsen*, deren Farben von rosa über ocker bis hin zu verschiedenen Brauntönen changieren, wenn die Schatten länger werden, sich aber auch in drohendem Schwarz zeigen. Steinmauern sichern den Weg rechts zum Abhang hin, zur Landseite liegen kleine Mais- und Kartoffelfelder sowie Weingärten. Die meisten der Bauernhäuser sind verlassen, Landwirtschaft wird nur noch im Nebenerwerb von der bequemeren Stadtwohnung aus betrieben.

Nach 2 km biegt eine Straße zum winzigen Dörfchen **Yé** ab, wo man in der Kellerei *Heredos* Wein verkosten kann. Im Süden erhebt sich der markante, fast kreisrunde Vulkan **Montaña Corona** (609 m), nach weiteren 2 km zweigt eine Straße nach rechts ab. Am Ende dieser kurzen Sackgasse öffnet sich vom 600 m hoch gelegenen **Mirador de Guinate** ein wunderschöner Blick über den Risco und nach La Graciosa. Kurz vor dieser Aussichtsterrasse breitet sich rechter Hand der **Guinate Tropical Park** (Majadita 14, Guinate, Tel. 928 83 55 00, http://guinate tropicalpark.com, tgl. 10–17 Uhr) aus. Privatinitiatoren haben 45 000 m² Land gekauft, Wasserfälle und Bachläufe geschaffen und Lagunen und Gärten mit z.T. tropischem Bewuchs angelegt. Hier haben inzwischen mehr als 1300 seltene und

Je nach Sonneneinstrahlung wechseln die steil aus dem blitzblauen Meer aufsteigenden Felsen des Risco de Famara die Farbe

In voller Pracht präsentiert sich hier das grüne ›Tal der 1000 Palmen‹ mit den weißen kubischen Häusern von Haría, das zu den zauberhaftesten Orten der Insel zählt

exotische Tiere, darunter vor allem Vögel wie Zebrafinken, Kanarienvögel, Sittiche oder Tukane ein Zuhause gefunden. Mehrmals täglich gibt es die beliebten Kakadu- und Papageien-Shows sowie die Fütterung der Humboldt-Pinguine. Seit einigen Jahren wird in Kooperation mit zwei weiteren Tierparks an einer Neukonzeptionierung und Umgestaltung des Guinate Tropical Parks gearbeitet.

15 Máguez

Freundlicher, ruhiger Wallfahrtsort.

Dass es sich bei Máguez um ein bedeutendes *Wallfahrtsziel* handelt, erkennt man schon am überdimensionierten betonierten Platz vor der schmucken Kirche: Er ist mit Palmen, Indischen Lorbeerbäumen und langen gemauerten Bänken für die Gläubigen ausgestattet, die sich hier alljährlich am 29. Juni zu Ehren des Ortspatrons *San Pedro* versammeln. Hinter der **Kirche** entdeckt man einen hübschen Garten mit Lapilli-Gestein, Gummibaum, Hibiskusbüschen und vielen sattrot blühenden Geranien – eine wahre Farbenpracht. *Innen* überrascht das klei-

Anlass für höchste Verehrung – die ›hl. Barbara‹ in der Kirche von Máguez

ne Gotteshaus mit einigen grafittiähnlichen ornamentalen Fresken im Chorbereich und einem von César Manrique entworfenen Altar.

16 Haría

TOP TIPP

Das schönste Dorf im Norden der Insel unterstreicht seinen Charme mit dem ›Tal der 1000 Palmen‹.

Von Máguez kommend hat man einen Bilderbuch-Blick über das ›Tal der 1000 Palmen‹ hinweg zum 451 m hohen **Faja** mit seinen unglaublich akkurat angelegten Lapilli-Feldern, auf denen Kartoffeln, Kohl und Linsen gedeihen. Landwirtschaft findet sich auch am Rande des Ortes. Überall stehen Kanarische Dattelpalmen und spenden Schatten. Mindestens 1000 dieser stolzen Bäume soll es in und rund um Haría geben. Einheimische behaupten stolz, die Zahl liege noch viel

höher, vielleicht sogar bei 3000. Die Datteln allerdings werden im milden Klima der Insel nicht reif, sie eignen sich lediglich als Viehfutter. Am dichtesten stehen die Palmen im Barranco de Fenesía westlich von Haría, der bequem im Rahmen eines Spaziergangs zu erreichen ist.

Wegen der vielen Einbahnstraßen sollte man das Auto am Ortseingang parken und die Straße zur Dorfmitte hinunterschlendern. Schon bald gelangt man zur lang gestreckten, schattigen **Plaza León y Castillo** mit ihren ausladenden Indischen Lorbeerbäumen und uralten Eukalyptusbäumen, die alle umgeben sind von kunstvoll gearbeiteten schmiedeeisernen Gittern.

Am Ende des Platzes erhebt sich die schmucklose Pfarrkirche **Nuestra Señora de la Encarnación**, die nach der Zerstörung durch einen Sturm 1956 schnell und schlicht wieder aufgebaut wurde. Den Hochaltar schmückt ein Retabel des aus Gran Canaria stammenden Bildhauers Luján Pérez (18. Jh.), das die Mühe lohnt, während der Messe nach Haría zu kommen, da das Gotteshaus die übrige Zeit meist geschlossen ist. Nebenan, im Convento de San Francisco, ist heute das sehenswerte **Museo de Arte Sacro** (Museum für Sakrale Kunst, meist Mo, Do, Sa 10–15 Uhr) ansässig. Zu den wertvollen Exponaten zählen Gemälde und Skulpturen aus umliegenden Kirchen.

Die weißen kubischen Häuser Harías präsentierten sich früher durch Manriques Einfluss, der hier seine letzten Lebensjahre von 1988 bis 1992 verbracht hat, durchweg mit grünen Fensterläden. Inzwischen sieht man auch einige braune und blaue, was der Schönheit und Harmonie des Dorfes jedoch keinen Abbruch tut. Ganz im Gegenteil, denn schließlich handelt es sich ja um die Farben der Insel: Grün, das man sich in Gestalt von Pflanzen immer mehr wünscht, Braun für die Vulkane, Blau für das allgegenwärtige Meer und den Himmel.

Wie eine kühle Schönheit wirkt das klassizistische Rathaus von Haría

Diese Variationen hatte der Künstler selbst noch abgesegnet.

Die Hauptstraße bringt den Besucher weiter südlich zum gepflegten klassizistischen **Rathaus** und zur mit üppig blühender Bougainvillea bepflanzten kleinen **Plaza de la Constitución**. Darunter werden im historischen **Aljibe** (Ortszisterne) sporadisch Ausstellungen organisiert. Und mittendrin steht das kleine Denkmal ›Mädchen mit Krug‹, das den schönsten spanischen Dörfern verliehen wird.

Biegt man nun nach links ab, erreicht man auf der linken Seite das historische Gebäude der Artesanía Haría, **Taller Municipal de Artesanía** (Calle Longera, Mo–Sa 10–13.30, Di–Sa 16–19 Uhr), einem Kunsthandwerkszentrum mit Werkstätten und Verkaufsläden. Hier kann man Stickerinnen, Töpfern, Tischlern und Korbmachern bei der Arbeit zuschauen. Direkt gegenüber liegt die alte, restaurierte Markthalle von Haría, der **Mercado Municipal de Abastos**, in dem landwirtschaftliche Produkte und weitere Erzeugnisse der Region verkauft werden.

Auf dem Weg in den Süden Richtung Los Valles öffnet sich rechts ein großer Parkplatz vor einem prachtvollen, histori-

Das fruchtbare Temisa-Tal zählt zu Lanzarotes beliebtesten Wander- und Ausflugszielen

schen Bauernhauskomplex mit dem Restaurant **El Cortijo**. Angenehme Ruhe herrscht in den prächtigen alten Räumen und auf der Terrasse.

Am südwestlichen Dorfende befindet sich das **Casa-Museo César Manrique** (Tel. 928 84 31 38, www.fcmanrique.org, tgl. 10.30–14.30 Uhr). Der aus Arrecife stammende Manrique hat 1988 einen alten Bauernhof zu seinem letzten Wohnsitz umgestaltet, nachdem er sein Anwesen in Tahíche [s. S. 33 ff.] der Öffentlichkeit überlassen hatte. Auf dem großen Grundstück in Haría wirkt neben dem stilvollen Haus das Atelier des Künstlers etwas fremd. 2013 wurde Manriques Wohnhaus endlich als Museum für Besucher geöffnet. Man kann hier einen persönlichen Zugang zum vielseitigen Künstler bekommen. Mehr als 1500 Objekte aus dem Besitz Manriques sind auf rund 1000 m² Fläche ausgestellt.

Zudem sollen Manriques sterbliche Überreste hier im Garten ihre letzte Ruhe finden. Bislang kann das Grab des Künstlers noch auf dem örtlichen **Friedhof** (im Nordosten von Haría, Richtung Arrieta, erhöht auf der rechten Straßenseite) besucht werden. Es ist äußerst schlicht: ein dunkles Beet mit ein paar Kakteen und einer ausladenden Palme, darauf ein Vulkanstein mit der Inschrift ›César Manrique 1919–1992‹ und ein inzwischen riesengroßer Kaktus am Fußende.

Ausflug

Wer die wunderschöne Umgebung entdecken und vielleicht auch ein wenig wandern möchte, sollte eine Rundtour von Haría aus durch das südlich gelegene **Valle de Temisa** unternehmen. Achtung Autofahrer: Inzwischen wurde die Strecke weitgehend asphaltiert, doch im nördlichen Bereich gibt es noch eine Staubpiste, die man nicht ohne Allradantrieb benutzen sollte. Die Tour führt durch eine Palmenallee, vorbei am Friedhof von Haría zum Weiler *Casas de El Canto* und weiter zum 6 km entfernten Arrieta [s. S. 51 f.]. Am Kreisverkehr davor biegt man auf die große Straße Richtung Arrecife ab, die man bereits nach 1 km wieder verlässt, wenn rechts die Straße zur kleinen Bauernsiedlung

Der Seidenhaarige Goldstern …

Tabayesco abzweigt. Die schmale, aber meist recht gute Straße ins Temisa-Tal wird begleitet von einem kleinen, meist trockenen *Barranco*. Links und rechts ziehen sich schwarze Lapilli-Felder den Hang hinauf, auf denen Mais, Kartoffeln und Linsen angebaut werden. Dann und wann sieht man hinter Windschutzmäuerchen sattgrüne Feigenbäume, deren schwere Äste bis hinab auf den Boden hängen, kleine Weingärten und vereinzelt Mandelbäume. Dort, wo sich die Piste gabelt, fährt man links den Südhang hinauf und hat die Straße nach Haría wieder erreicht. Man hält sich rechts und passiert ein wahres Kunstwerk aus geometrisch angeordneten Lavamauern und Lapilli-Feldern. Immer wieder schweift der Blick über das weite, wenig besiedelte Tal.

Nach insgesamt 8 km ist die Hauptstraße Haría – Los Valles wieder erreicht. Normalerweise nimmt die Auto-Rundtour etwa 90 Min. in Anspruch – aber Botanikfreunde werden mehr Zeit benötigen. Überall entlang der Strecke entzückt die einheimische **Flora**. So säumen blaue Natternköpfe, dicke Büschel von wilden Rosen, gelb leuchtender Seidenhaariger Goldstern und wilde Rucola von köstlichem aromatischen Duft den Weg und setzen bunte Tupfer in die Landschaft. Bisweilen sieht man auch die hellgrünen Wolfsmilchbüsche der Balsam-Euphorbie (*Tabaiba*) und die ihr ähnliche Oleanderblättrige Kleinie (*Verode*), sowie den Blaugrünen, auf den Kanaren *Bobó* genannten Tabak und wilden Fenchel.

ℹ️ Praktische Hinweise

Einkaufen

Jeden Samstag lockt ein großer, bunter Markt auf dem Hauptplatz von Haría mit Kunsthandwerk und lokalen Leckereien.

… setzt hübsche gelbe Farbtupfer ins Tal von Temisa

In der Ermita de las Nieves bitten die Einheimischen um Regen

17 El Bosquecillo und Ermita de las Nieves

Lanzarotes einziges Wäldchen und eine Kapelle mit Aussicht.

Restaurants und Bars

El Cortijo, Calle El Palmeral 6, Haría, Tel. 928 83 56 86. Das in einem restaurierten bäuerlichen Anwesen eingerichtete Restaurant serviert Fleischspezialitäten wie Spanferkel, Milchlamm oder Jungstierkotelett. Das hervorragende Lokal verfügt über mehrere rustikal eingerichtete Räume und eine große Terrasse.

La Puerta Verde, Calle Fajardo 24, Haría, Tel. 928 83 53 50. Sehr schönes Restaurant mit familiärer Atmosphäre, das – man staune – aufgrund der deutschen Besitzer süddeutsche Küche serviert. Abends gut besucht.

La Tegala, Plaza León y Castillo s/n, Haría, Mobil 696 90 06 52. In Harías *Sociedad*, dem Kultur- und Vereinszentrum des Ortes, verwöhnt David Romero Rodríguez mit Leib und Seele seine Gäste. Hier gibt es hausgemachte Tapas und große Portionen echter lanzaroteñischer Hausmannskost, schmackhaft zubereitet und preiswert.

Mesón La Frontera, Calle Casas de Atrás 4, Haría, Tel. 928 83 53 10. In dem rustikal eingerichteten Restaurant genießt man in gepflegter Atmosphäre vor allem die Fleischgerichte vom Kamingrill.

Hinter der Straßenkreuzung Haría – Los Valles und Temisa-Tal beginnt das schmale Asphaltband in steilen Kehren nach oben zu klettern. Links und rechts liegen Terrassenfelder, auf denen die hier so beliebten Linsen angebaut werden. Es lohnt sich ein kurzer Stopp und ein Blick zurück: Das Tal mit den vielen schlanken Kanarischen Dattelpalmen ist von hier aus am besten zu erfassen.

Auf der Weiterfahrt passiert man alsbald linker Hand die Aussichtsterrasse Mirador de Haría, die seit Jahren geschlossen ist. Aber keine Angst: Nach ein paar weiteren Kurven bietet sich noch einmal eine großartige Aussicht auf das ›Tal der 1000 Palmen‹ von Haría. Zuerst fällt der Blick jedoch auf einen größeren Bestand von Kanarischen Kiefern – ungewöhnlich für diese Region – bevor ebenfalls auf der linken Seite der nicht gerade sehr attraktive Beton-Glasbau des Restaurants **Los Helechos** erscheint. Hier halten viele Touristenbusse, allerdings weniger wegen des Essens, sondern wegen des Bilderbuch-Blicks auf das Palmental und zwecks Einkauf von Souvenirs im angegliederten Laden.

Die Straße ist inzwischen auf fast 600 m Höhe geklettert. Als Autofahrer merkt man das kaum, weil man sich vor allem bei Gegenverkehr stark auf die zahlreichen Kurven konzentrieren muss.

Der 670 m hohe **Las Peñas del Chache** zur Rechten gilt als höchster Berg der Insel (wenngleich neuere Messungen 679 m Höhe für den Atalaya im Südwesten von Lanzarote ergeben haben sollen). Hier thront eine Radarstation der spanischen Luftwaffe, zu der auf der Hochebene rechts eine schmale, zunächst asphaltierte Straße führt. Wer dann auf einer Staubpiste, die man besser mit dem Geländewagen oder zu Fuß bewältigt, die Station links liegen lässt, erreicht nach etwa 1 km das Wäldchen **El Bosquecillo**, ein beliebtes Wochenend- und Ferienziel der Inselbewohner. Ruhiger ist es hier nur unter der Woche. Die wenigen Kanarischen Kiefern und die zahlreichen Lanzarote-Akazien können so prächtig gedeihen, weil die ständig vorbeiziehenden Passatwolken für ein relativ feuchtes

Mikroklima sorgen. An diesem schönen Platz kann man wunderbar an Holztischen picknicken und vom **Mirador de los Riscos** den Blick über die herrliche Küste schweifen lassen.

Zurück geht es jetzt zum Hauptweg, der hinter der Radarstation nach rechts Richtung Küste zur meist geschlossenen **Ermita de las Nieves** führt. Trotzdem sollte man diesen Abstecher allein wegen der großartigen Aussicht aufs Meer und der farbenfrohen Vegetation einplanen. Intensiv blau blühende Kugeldisteln und der gelbe Seidenhaarige Goldstern begleiten den Weg ebenso wie kleine Felder mit der von den Einheimischen heiß geliebten roten Kartoffel, deren rote Blüten weithin leuchten.

Die einschiffige, sehr schlichte **Kapelle** der Ermita steht recht einsam auf dem weitläufigen Plateau und ist wie fast alle Gotteshäuser Lanzarotes von einer Mauer umgeben. Durch den offenen, weißen Torbogen gelangt man in den Hof mit der obligatorischen Zisterne, die in die-

Die Straße zwischen Haría und der Kapelle Ermita de las Nieves bietet herrliche Ausblicke, wie hier auf den Strand von Famara

sem Fall recht groß geraten ist. Den kurzstämmigen Palmen sieht man an, dass sie tagein, tagaus gegen den kräftigen Wind zu kämpfen haben. Das gilt auch für die zahlreichen Blumen auf dieser Hochebene, die alle recht kurz gewachsen sind oder nur hinter einem Fels versteckt gedeihen können.

Der **Blick** vom Rand des Plateaus ist überwältigend: Im Nordwesten erkennt man die Steilküste mit Teilen von La Graciosa und Montaña Clara, im Westen das hell leuchtende Jable-Gebiet. Im Nordosten erscheint ganz nah die Radarstation, im Osten die Küste von Arrieta, links schließlich, also im Süden, Teguise und sein Castillo, dahinter Arrecife.

Für den Rückweg zur Hauptstraße Haría – Los Valles nimmt man die zweite, nach Süden führende Piste, die in Höhe des Windräderparks oberhalb von Los Valles wieder in die Asphaltstraße mündet.

ℹ️ Praktische Hinweise

Bar-Restaurant

Los Helechos, an der LZ 10, Km 22, Tel. 928 83 58 17. Monströses Bar-Restaurant mit Mirador, Souvenirladen und Fertiggerichten. Was dort außer des beeindruckenden Panoramas wirklich zu empfehlen ist: die große Kuchenauswahl!

Auf Lanzarotes höchstem Berg, Las Peñas del Chache, thront eine Radarstation

Essen mit Panoramablick – am Mirador de los Valles wird auch für das leibliche Wohl gesorgt

18 Los Valles

Ein Dorf mit weißleuchtenden Häusern inmitten von Terrassenfeldern und Agaven.

Kurz vor Los Valles, noch auf der Höhe, sieht man links ein Hinweisschild zum **Parque Eólico**, dem größten Windkraftpark von Lanzarote. In fünf Reihen stehen hier rund 60 imposante Windräder. Die Anlage in der Nähe des naturgeschützten *Barranco de Tengüime* liefert für die Meerwasser-Entsalzungsanlage von Arrecife rund 30 % der benötigten Energie, der Rest wird noch immer durch Dieselkraft gewonnen.

Typisch für Lanzarote ist die wohldurchdachte Gestaltung des riesigen Areals: Die technische Notwendigkeit, andernorts von Naturschützern heftig bekämpft, nahmen Landschaftsarchitekten 1993 zum Anlass, eine harmonische, blumengeschmückte Anlage zu schaffen, die sich wundervoll in die Umgebung einpasst. Die 20 000-Volt-Kabel zur 16 km entfernten Meerwasser-Entsalzungsanlage wurden unterirdisch verlegt. Die Gewinnung von Energie aus Windkraft soll weiter ausgebaut, dem Park ein Informationszentrum über alternative Energien angeschlossen werden.

Auf der LZ 10 sind es vom Windpark aus Richtung Süden noch ein paar Kur-ven bis zum schönen **Mirador de los Valles** (linker Hand). Das kleine Gehöft im lanzaroteñischen Stil bietet nicht nur einen herrlichen Blick auf Los Valles und bis zum Castillo de Guanapay, sondern auch kulinarische Genüsse.

Wer auf der LZ 10 hinunter nach **Los Valles** fährt, dem fallen als Erstes die 6–7 m hohen, gelben Blütenstände der Agave kurz vor der weit auseinander gezogenen Streusiedlung ins Auge. Die Ahnen der heutigen Bewohner von Los Valles stammten ursprünglich aus dem Dorf Santa Catalina im heutigen Timanfaya-Gebiet. Von dort verschlug es sie nach dem Vulkanausbruch von 1730 in dieses Tal im Norden, wo sie auf einigermaßen fruchtbares Land stießen und Terrassen-Feldbau betreiben konnten. Und noch heute sind die hiesigen Bauern stolz darauf, dass sie einen Großteil der Insel mit den so begehrten roten und weißen **Kartoffeln** beliefern können.

Abgesehen davon ist Los Valles, das am Fuß des Famara-Massivs liegt, ein ausgesprochen schönes und ruhiges Dorf. Die kleine Kirche **Santa Catalina** steht auf einem großen Platz, umgeben von flachen, weißen, sehr gepflegten Häusern. Übrigens: Alles hier ist weiß und grün, und rote Hibiskusblüten setzen herrliche Farbtupfer. In einer Kurve am südlichen Ende des Dorfes steht ein altes *Gehöft* aus dem 18. Jh. Das Anwesen wird seit einiger Zeit

Kontrast zur weißen Fassade bildet das schlichte schwarze Portal mit dem kleinen Rundfenster darüber. Auffallend ist die stützende Strebemauer, die man häufiger an Lanzarotes Kirchen sieht.

Im Dorf selbst besitzt jedes der kleinen Häuser noch seine eigene Zisterne und seinen eigenen Backofen. Hinter den notwendigen Windschutzmäuerchen wird etwas Wein angebaut oder schmücken Kakteen die Gärten.

An der nächsten Kreuzung, am südlichen Ende von El Mojón, hat man dann die Wahl: Ostwärts geht es zur LZ 1, die Tahíche und Arrieta verbindet, Richtung Westen nach Teguise. Vorher kommt man jedoch durch das schlichte **Teseguite** mit der obligatorischen Kirche im Mittelpunkt, die auf einer liebevoll gepflegten Terrasse mit Picón-Beeten (aus feinen Lava-Kieseln), Palmen, Agaven und Geranien steht.

in ein **Bauernhausmuseum** umgewandelt, die ersten Räume sind bereits restauriert.

Zwei Kurven weiter südlich zweigt eine kleinere Straße in das südöstlich gelegene **El Mojón** ab, ein verschlafenes Dörfchen mit einer kleinen Kirche, der *Ermita de San Sebastián*. Sie besitzt einen schönen offenen Glockenstuhl aus schwarzem Lavastein. Einen effektvollen

ℹ️ Praktische Hinweise

Restaurant

Mirador de los Valles, Celemin 21, Los Valles, LZ 10, km 13, Tel. 928 52 81 14. Restaurant mit Panoramaterrasse und ansprechenden Räumen in einem mehr als 100 Jahre alten Bauernhaus oberhalb von Los Valles. Serviert werden kanarische Spezialitäten. Kenner lassen sich die aktuellen Tagesgerichte empfehlen.

Saubere Energiegewinnung mit ästhetischem Anblick – der Windkraftpark von Los Valles

19 Urbanización Famara und La Caleta de Famara

Eine Bungalowsiedlung mit Meerblick, Dünen und ein breiter Strand, gegen den die Wellen anbranden.

Verlässt man Teguise auf einer Nebenstrecke Richtung Norden, erreicht man nach 6 km eine breitere Straße und nach weiteren 2 km eine Kreuzung. Dort steht rechts als Denkmal eine alte **Windmühle** mit mehreren gemauerten Waschplätzen. Hier ist die Endstation einer *Galeria,* eines in den Berg getriebenen Ganges, der bis in die 1960er-Jahre Fischer und Bauern der Gegend mit Wasser versorgte.

Rechts hinter der Windmühle liegt die **Urbanización Famara**, eine Ferienanlage mit mehreren Supermärkten, Restaurants und Surfer-Stationen. Begehrt sind die zum Meer blickenden Bungalows zu Füßen des Las Peñas del Chache, die norwegische Planer in den 1970er-Jahren haben errichten lassen.

Unterhalb des Feriendorfs beginnt die **Playa de Famara**, ein herrlich langer Sandstrand mit niedrigen, leicht bewachsenen Dünen, der sich nach Westen bis zum Fischerort Caleta de Famara hinzieht. Doch Badefreunde sollten aufpassen: Hier herrschen meist starke Unterströmungen, auch wenn das Meer recht ruhig wirkt. Man muss daher unbedingt auf die Farbe der dort stets gehissten Fahne achten – sie zeigt meistens Rot. Das Schiffswrack nahe dem Strand sollte eigentlich Warnung genug sein. Dennoch: Wellenreiter scheuen das Risiko nicht und scheinen gerade hier ein besonderes Vergnügen an ihrem Sport zu haben. Für die meisten anderen Urlauber ist der Famara-Strand allerdings eher zum Spazierengehen geeignet. Hin und wieder sieht man Touristen Sand- oder Steinburgen bauen.

Im Westen, hinter dem Scheitelpunkt der Bucht, liegt das kleine Fischerdorf **La Caleta de Famara**. Hier herrscht eine ganz besondere Atmosphäre: Mit seiner breiten Hauptstraße voller angewehtem Sand und den adretten Wohnhäusern, von denen einige recht gute Fischrestaurants beherbergen, wirkt der Ort wie eine Westernkulisse.

Auch die Parallelstraße zum Meer ist völlig von Treibsand bedeckt, ebenso wie die Seitengassen, die direkt an den flachen Klippen enden. Ein Wellenbrecher schützt den Sandstrand, der sich vor den weiß getünchten, ein- bis zweistöckigen Häusern entlangzieht. In einigen von

So menschenleer ist die Playa de Famara selten – auch wenn wegen gefährlicher Unterströmungen vom Baden abzuraten ist

ℹ Praktische Hinweise

Ferienhäuser

Playa de Famara, Urbanización Famara, Tel. 928 84 51 32, www.bungalowsplaya famara.com. Bungalowanlage mit Pool sowie Luxusvillen. Surf- und Drachenflugschulen. Mountainbike-Verleih. Traumhafter Blick, Strand mit wilden Wellen und viel Wind.

Café

Croissantteria el Tertulia, 22 Avenida El Marinero, Caleta de Famara. Der ideale Ort zum Frühstücken oder für die Kaffepause. Leckeres frisches Gebäck.

Restaurants

El Risco, Calle Montaña Clara 30, Caleta de Famara, Tel. 928 52 85 50. Hervorragendes Fischrestaurant mit maritimem Interieur und Klippenblick. Probieren Sie die hausgemachten Nachspeisen!

Sol, Calle Salvadidas 48, Caleta de Famara, Tel. 928 52 87 88, www.restaurantesol famara.com. Erstklassige Lage direkt am Meer mit Blick auf den Strand. Große Auswahl an frischen Fischgerichten.

ihnen wohnen nach wie vor Fischer, viele andere dienen heute als Wochenenddomizile für Bewohner aus Teguise.

Dann bevölkern vor allem zahlreiche Familien die Strände und Buchten rund um La Caleta. Zu den allerschönsten zählt sicherlich die **Caleta del Caballo** mit der gleichnamigen Siedlung, die freilich schneller von La Santa [s. S. 91 ff.] aus zu erreichen ist.

Welch malerischer Anblick – auch in La Caleta de Famaras Architektur dominieren César Manriques Lieblingsfarben weiß und grün

Das Zentrum und die Feuerberge – Lavalandschaften von einzigartiger Schönheit

Die Fahrt durch diese Region in Lanzarotes Mitte bietet Attraktionen von ganz besonderer Faszination. Der Reigen beginnt mit dem von Menschenhand gestalteten, einmaligen lavaschwarzen **Weinanbaugebiet** La Geria. Hier bekommen die Weinstöcke besonders viel Sonne, was dem Inselwein seinen ganz besonderen Geschmack verleiht. Richtung Westen dann kann man beim Monumento al Campesino und in Tiagua zwei hervorragende **Heimatmuseen** besuchen, in denen noch altkanarische Traditionen wie das Töpfern gepflegt werden. Anschließend wird die Landschaftsszenerie immer abenteuerlicher. Zunächst türmen sich Lavaplatten übereinander, dann präsentieren sich die **Feuerberge** im Parque Nacional de Timanfaya in ihrer ganzen unheimlichen Schönheit – Inbegriff einer aus glühendem Magma geschaffenen, vielfarbigen Urlandschaft.

20 San Bartolomé

Beschauliches kleines Städtchen, dessen Bewohner vor allem in Arrecife arbeiten.

Wer von Arrecife über die autobahnähnlich ausgebaute LZ 20 kommt, sieht schon bald die Windräder von San Bartolomé auf dem 444 m hohen Hausberg, der *Montaña Mina*. Nur 7 km sind es von Zentrum zu Zentrum, doch muss man sich erst einmal durch San Bartolomé schlängeln, um zum sehenswerten alten Kern an der Plaza Léon y Castillo vorzudringen. Bereits am Ortsrand trifft man auf das **Centro Cultural Ajei**, ein restauriertes, sandfarbenes Landgut, dessen Ecken dunkle Schmuckquader aus Vulkangestein betonen. Hier ist eine Kunstgalerie untergebracht.

Das private **Museo Etnográfico Tanit** (Calle Constitución 1, Tel. 928 52 06 55, www. museotanit.com, Mo–Sa 10–14 Uhr) bewahrt in herrlichem Rahmen die traditio-

Blick über die Lavalandschaft im Parque Nacional de Timanfaya

nelle Kultur Lanzarotes. Beim Blick in den Patio gefallen die Kontraste, die Treppen und Balkon aus schwarzem Holz zu den gelben Mauern schaffen.

Der ungewöhnliche, minarettartige Glockenturm des Rathauses im palmengeschmückten Komplex der Pfarrkirche an der Plaza Léon y Castillo ragt von weitem sichtbar aus dem Häusergewirr. So kann man sich trotz fehlender Beschilderung kaum verfahren, und für den Wagen findet sich nebenan ein Parkplatz.

Die **Iglesia de San Martín** (offen zur Messe Mo–Sa 19.30, So 12 Uhr) von 1789 wirkt recht schmalbrüstig mit den betonten dunklen Ecken, deren rechte von einem Glockenturm bekrönt wird, während die linke nur eine weiße Haube trägt. Das *Innere* der einschiffigen Pfarrkirche ist ausgestattet mit einer Kassettendecke im Mudéjar-Stil. Besonders raffiniert wirkt das Flechtmuster in der Mitte der Vierungsdecke. Die Altäre präsentieren sich im schlichten Neoklassizismus. Pfeiler und Fußboden der Kirche sind aus hellgrauen Vulkansteinen gemeißelt.

Das **Rathaus** erinnert mit seiner gemauerten Veranda und dem Bogengang darunter ein wenig an ein Herrenhaus in den amerikanischen Südstaaten. Direkt unterhalb der Plaza León y Castillo er-

streckt sich jenseits der Straße Richtung Küste eine sehr ansprechende, schattige, mit Bänken versehene Parkanlage. Oberhalb der Landstraße nach Tías erhebt sich rechts die Ende des 18. Jh. errichtete **Casa Mayor Guerra** (Doctor Cerdeña Bethencourt 17, Tel. 928 52 23 88, Di–So 10–17 Uhr). Das Herrenhaus präsentiert in einer Ausstellung die Entwicklung der Gemeinde von vorspanischer Zeit bis heute.

ℹ Praktische Hinweise

Information

Oficina de Turismo de San Bartolomé, Casa Cerdeña, Calle Dr. Cerdeña Béthencourt 17, San Bartolomé, Tel. 928 52 23 51, Aug./Sept. Mo–Fr 8–14 Uhr, Okt.–Juli Mo–Fr 8–15 Uhr

21 Monumento al Campesino und Casa-Museo del Campesino

Manriques Denkmal für die Bauern und ein wunderbares Heimatmuseum mit Spitzenrestaurant.

An einer wichtigen Verkehrskreuzung in der Inselmitte, kurz vor dem eher un-

Aus alten Trinkwasserkanistern entstanden: Monumento al Campesino

scheinbaren Weindorf Mozaga, erhebt sich weithin sichtbar das berühmte, weißleuchtende **Monumento al Campesino** (1968). Dieses mehr als 15 m hohe, recht abstrakte Denkmal ist den schwer arbeitenden Bauern der Insel gewidmet. Es soll darüber hinaus die Fruchtbarkeit (span. *fecundidad*) symbolisieren. César Manrique hat es aus ausrangierten Trink-

Neben Paella serviert das Restaurant El Campesino hervorragende kanarische Gerichte

wasserkanistern alter Fischerboote gestaltet, die er weiß lackierte. Zu erkennen sind mit viel Fantasie ein Bauer mit seinen traditionellen ›Helfern‹, einem Dromedar und einem Esel.

Unmittelbar neben dem Monumento steht ein restauriertes traditionelles kanarisches Gehöft; es beherbergt das **Casa-Museo del Campesino** (www.centrosturisticos.com, Tel. 928 52 01 36, tgl. 10–17.45, Juli–Sept. bis 18.30 Uhr). Auf der rechten Seite des Komplexes wurde ein *Heimatmuseum* eingerichtet. Hier werden neben einer Sammlung von Handmühlen, traditionellen Möbeln und landwirtschaftlichen Geräten modellierte Tonfiguren präsentiert. Außerdem wird anhand von Exponaten die Entwicklung vom Mörser zur Getreidemühle, von der Ziegenfell-Mütze zum modernen Hut anschaulich demonstriert.

Auch eine Windmühle [s. S. 90] gehört zu den Sehenswürdigkeiten des Komplexes. Dazu gibt es verschiedene Werkstätten wie etwa eine Weberei und eine Stickereistube, die ebenfalls zu besichtigen sind, sowie einen Weinladen.

Mittelpunkt des Anwesens ist das hervorragende, von der Inselregierung betriebene Restaurant **El Campesino** (Tel. 928 52 01 36, Juli–Sept. 12–16.30, sonst bis 16 Uhr), in dem meistens Spitzenköche Lanzarotes beschäftigt werden. Wer beste und echte einheimische Gerichte probieren möchte, ist hier genau am richtigen Ort. Auch die Einrichtung mit viel Holz und landwirtschaftlichen Geräten ist typisch kanarisch.

Ausflug

In Mozaga, kurz hinter dem Monumento al Campesino, beginnt die 15 km lange **Weinstraße** (LZ 30), die durch das bedeutendste Weinanbaugebiet Lanzarotes,

TOP TIPP **La Geria** genannt, bis nach Uga [s. S. 116 ff.] führt. Für den interessierten Reisenden ist diese Strecke ganz besonders faszinierend. Wo sonst findet man solche tiefen Trichter aus schwarzer Vulkanasche, in denen sich saftiggrüne Weinstöcke ducken, die immer üppiger gedeihen, je weiter der regenlose Sommer voranschreitet? Aus der Not, nämlich der fehlenden Feuchtigkeit durch Regen, machten die fantasievollen Bauern eine

Von Menschenhand geschaffen und doch ein Teil der Natur – das Weinanbaugebiet La Geria mit seinen namengebenden Trichtern und halbkreisförmigen Mauern aus Lavastein

Tugend, ja eine Kunst: Entweder sie gruben bis zu 2 m tiefe Trichter in die schwarzen Lapilli-Schichten und setzten mitten hinein einen Weinstock, oder sie türmten hohe Lavastein-Mauern rund um die Jungpflanzen auf. Manchmal kombinierten sie auch beides. Der Trick: Die Lapilli, poröse Lavakörnchen, speichern den Nachttau und geben die Feuchtigkeit an den Humus darunter ab. Zusätzlich schützen Trichterwand und Mauern die Rebpflanzen vor dem Austrocknen durch den fast ständig wehenden Wind.

Kein Wunder, dass sich in dieser Landschaft, auch dank der gestiegenen Nachfrage von Seiten der Touristen, einige *Weinkellereien* etabliert haben, die zum Verkosten von Malvasía oder Moscatel einladen und ihre Produkte vor Ort verkaufen. Die seit 1775 bestehende älteste und traditionsreichste Kellerei der Insel, **El Grifo**, liegt zwischen Mozaga und Masdache. Dort informiert auch das kleine *Museo del Vino* (Apartado de correos 6, San Bartolomé, Tel. 928 52 40 36, www.el grifo.com, tgl. 10.30–18 Uhr, Kombiticket mit Weinprobe) über die Geschichte des Weinanbaus auf der Insel.

Nach etwa 7 km kommt man an Lanzarotes jüngster Kellerei **Stratvs** vorbei. Diese hatte sich innerhalb weniger Jahre landesweit einen Namen gemacht, musste Ende 2013 jedoch überraschend schließen – wegen Unstimmigkeiten bei der Baugenehmigung. Ob und wann die auch architektonische Attraktion wieder eröffnet, ist ungewiss.

Dicht darauf folgt das familiäre Weingut **Rúbicon** aus dem 18. Jh. (Crta. Teguise–Yaiza 2, Tel. 928 17 37 08, http://bode gasrubicon.com, tgl. 10–20 Uhr). Die Bodega wurde vor einiger Zeit grundlegend modernisiert. Hier kann man unter uralten Eukalyptusbäumen Wein verkosten und dazu im angeschlossenen Restaurant leckere kanarische Gerichte probieren.

Auf der Weiterfahrt, etwa 7 km vor Uga, werden die schwarzen Berge mit ihren Trichtern und Mäuerchen immer faszinierender. Bereits in den 1960er-Jahren wur-

Harmonie von Natur und Architektur zeigt das private Bauernhausmuseum in Tiagua

de die von Menschenhand gestaltete Lavalandschaft von der UNESCO unter Schutz gestellt.

ℹ️ Praktische Hinweise

Hotel

***Finca de La Florida**, El Parral 1, San Bartolomé, Tel. 928 52 11 24, www.hotel fincalaflorida.com. Kleines Landhotel mit 16 Zimmern, einer Suite, Terrassenpool, Fitnessraum und Restaurant.

Restaurant

TOP TIPP **El Campesino**, im gleichnamigen Museumskomplex beim Monumento al Campesino, Tel. 928 52 01 36. Eine der besten Adressen der Insel für echte kanarische Küche (tgl. 12–16/16.30 Uhr).

22 Tiagua

Und noch ein weiteres aufregend-schönes Bauernmuseum.

Keine 2 km sind es, vorbei an einem Lapilli-Steinbruch, von Mozaga bis zum kleinen Nachbardorf **Tao**, dessen westlichen

Wohnen und arbeiten wie anno dazumal – das traditionell eingerichtete Herrenhaus (1850) des Bauernhausmuseums gewährt Einblick in die Lebensweise vergangener Tage

Prachtexemplar einer ›männlichen‹ Mühle im Jardín de Cactus in Guatiza

Von männlichen und weiblichen Windmühlen

Die Lanzaroteños meinen, eigentlich sei der männliche Mühlentyp, **Molino**, dieses kegelförmige Etwas, eine ›dumme Erfindung‹, weil viel zu kompliziert. Denn die schweren Getreidesäcke müssen drei Stockwerke hoch über steile und enge Treppen geschleppt werden, außerdem benötige eine solche Mühle viel zu viel Windenergie.

Angesichts der Konstruktion des Bauwerks stellt man fest, dass die Inselbewohner gar nicht so Unrecht haben: Ganz oben sitzt der **Turm**, an dem die Flügel angebracht sind, dann kommt der Raum für das vertikale Zahnrad, das die Windenergie der Flügel auf die **Mühlsteine** darunter überträgt. Hier wird dann das Getreide durch einen Trichter auf die Mahlsteine geschüttet. Das fertige Mehl kommt im 1. Stockwerk heraus, das Erdgeschoss dient lediglich als **Lagerraum** für das Getreide und das Mahlgut. Diese Mühlenform erhielt ihre maskuline Bezeichnung, weil nur Männer die schweren Säcke nach oben tragen können. Sagt man.

Es gibt aber auch eine weibliche Variante: Bei der **Molina** dreht sich der rechteckige, 6 m hohe Holzturm über einem gemauerten Raum von nur 2,2 m Höhe mit dem Wind, sodass die Flügel selbst nicht so viel Kraft benötigen wie bei einem Molino. Zwei Mühlsteine werden ohne viel Übertragung in Bewegung gesetzt und mahlen das Korn. Den femininen Namen Molina gab man dieser Art von Mühle, weil sie ohne viel Kraft, also auch von Frauen bedient werden kann. Sagt man.

Vom Wind unabhängig ist der dritte Typ: Bei der **Tahona** (Zugmühle) hilft eine Göpelstange, die Kraft des Zugtieres, das sich in einem engen Raum um den Mühlstein dreht, auf ein horizontales Zahnrad zu übertragen bzw. zu verstärken. Eine nicht gerade tierfreundliche Erfindung! Im regenarmen Lanzarote sind allerdings auch offene Tahonas in Gebrauch. So können die als Zugtiere schuftenden Dromedare oder Kühe ihre Kreise wenigstens unter freiem Himmel ziehen.

Rand einige kleine Vulkanschlote markieren. Die palmenbestandene Hauptstraße LZ 20 schlängelt sich durch den Ortskern, rechts passiert man einen *Terrero*, eine Arena für den traditionellen Ringkampf *Lucha Canaria* [s. S. 132].

Nach wenigen Minuten ist Tiagua erreicht und – Richtung Munique ausgeschildert – das äußerst sehenswerte **Museo Agricola El Patio** (Calle Echeyde, Tel. 928 52 91 34, Mo–Fr 10–17, Sa 10–14 Uhr), für dessen Besuch man einige Zeit einplanen sollte – zumal mit Kindern, die begeistert sein werden von den Dromedaren und Ziegen, die hier gestreichelt werden dürfen. Bereits von weitem erkennt man die zwei Windmühlen, die zum Komplex gehören: *Molino*, die ›männliche‹ Variante mit Turm, *Molina*, die ›weibliche‹ einstöckige Form.

Doch zunächst wirft man einen Blick in das alte **Herrenhaus** von ca. 1850, das allein schon den Besuch dieses bäuerlichen Freilichtmuseums wert ist. In seinen großzügigen Räumen sind auf zwei Ebenen alte Ackergeräte, Töpferwaren sowie Werkzeug der verschiedenen traditionellen Berufssparten ausgestellt und erläutert. Darüber hinaus erfährt man eine Menge über Architektur, Bräuche und Kunsthandwerk der Insel. Besonders sehenswert ist auch eine große Sammlung historischer Fotografien von Lanzarote.

In der urgemütlichen **Bodega** kann man den gutseigenen Rebensaft probieren und kaufen. Außerdem werden kleine Happen mit würziger Wurst aus eigener Herstellung gereicht.

Eine interessante Ergänzung des Besuchs ist ein Weg über die bewirtschafteten Felder des Anwesens. Unterwegs sieht man beispielsweise eine betonierte Fläche, auf der das wenige Regenwasser mit möglichst geringem Verlust in eine Zisterne geleitet wird. Mit dem so gesammelten Wasser werden etwa die akkurat ummauerten Weinstöcke des kleinen Landgutes bewässert.

Wer von hier aus einen Ausflug ans Meer machen möchte, kann über das kleine **Munique** und das verträumte **Sóo** mit seinen kleinen Häusern zu Füßen des 293 m hohen, schroffen **Pico Colorado** zur schönen Playa de Famara [s. S. 82] fahren. Die Strecke führt durch das recht trostlose **Jable**-**Gebiet** mit seinem Treibsand. Mit viel Mühe gelingt es Bauern, die unwirtliche Gegend nach dem ausgeklügelten System des Trockenfeldbaus [s. S. 92] zu bewirtschaften.

23 Tinajo

Tor zum Timanfaya-Nationalpark mit großer Ringkampf-Tradition.

Das lebendige, lang gestreckte Dorf Tinajo ist nicht nur Mittelpunkt einer ausgedehnten Gemüseanbauregion, sondern auch bekannt wegen seines **Terrero**, der Ringkampfarena, in der eine sehr erfolgreiche Mannschaft kämpft.

Tinajo besitzt einen ansprechenden großen **Dorfplatz**, der mit seiner üppigen Vielfalt an Hibiskusbüschen, Palmen, Aurocarien, Indischem Lorbeer, Lorbeerbüschen und den vier üppigen Drachenbäumen fast an einen Botanischen Garten erinnert.

An der Nordseite des Platzes erhebt sich die Ende des 18. Jh. errichtete, weiß getünchte Pfarrkirche **San Roque** mit ihrem kleinen Glockenturm. Das attraktive Gotteshaus erfreut sich besonders bei Hochzeitspaaren großer Beliebtheit. Dass sie von vorne dreischiffig anmutet, liegt an der links angebauten **Taufkapelle** mit dem großen steinernen Taufbecken. In den anschließenden Räumen werden die Prozessionsfiguren aufbewahrt wie z.B. der auf einem Esel reitende Santiago, der hl. Jakobus. Einen Blick nach oben sollte man im Hauptschiff (rechts) auf die fein geschnitzte Mudéjar-Decke werfen, deren Felder blau und rot gefasst sind. Prunkstück der teils vergoldeten und weiß gerahmten Hauptaltarwand ist das **Kruzifix** des berühmten kanarischen Bildhauers Luján Pérez (1756–1815) in der oberen Nische. Erwähnenswert ist auch ein Marienbildnis seines Schülers Fernando Estévez.

ℹ️ Praktische Hinweise

Bar-Restaurants

Treffpunkt der *Luchadores* und ihrer Fans sind zwei Tapas-Lokale: **La Mareta** an der südlichen Ausfallstraße und gegenüber dem Terrero **La Luchada**.

24 La Santa

Für sportliche Leute ist dieser Club das Paradies schlechthin.

Es war der durch die Gründung seiner Reiseagentur berühmt gewordene Pastor Tjaereborg, der hier, 8 km nördlich von Tinajo, 1973 den ersten Sportclub errichtete.

Ein hartes Stück Arbeit bedeutet auch die Terrassenbewirtschaftung auf den vulkanischen Böden der Caldera de Guiguán bei Tinajo

Auf Sand gepflanzt

Neben der dunklen Lavaregion im Süden und dem fruchtbaren Gebiet im Norden gibt es noch eine weitere Landschaftsformation, die ganz typisch für Lanzarote ist: der bis zu 8 km breite **Driftsandgürtel El Jable**, der sich von Tinajo bis zu den Famara-Bergen im Norden hinzieht und immerhin 15 % der Inselfläche einnimmt. Besonders öde wirkt die Gegend rund um das Bauerndorf **Sóo** zwischen Tiagua und der Playa de Famara. So wie hier sah das gesamte Sanddünengebiet noch bis Ende des 19. Jh. aus.

Dann aber machten die hiesigen Bauern aus der Not eine Tugend und nutzten die Erfahrungen der Landwirte im Süden der Insel. Diese betreiben nämlich schon lange den **Trockenfeldbau**, in dem sie die Saugfähigkeit der basaltischen Lapilli nutzten, um Wein, Mais und Feigenbäume mit Feuchtigkeit zu versorgen.

Gedacht, getan. Wie ein Schwamm saugt der Jable (altspan. für Sand) den Nachttau auf, gibt die Feuchtigkeit tagsüber an den Humus und damit an die Wurzeln ab, und die Saat beginnt bald zu keimen. Nach den ersten – gelungenen – Versuchen, auf dem so lange brachgelegenen Sand-Land **Melonen** zu züchten, wagte man sich auch an andere **Ackerfrüchte**. Und siehe da, es funktionierte. Alsbald konnten Kartoffeln und Süßkartoffeln, Tomaten, Gurken, Hülsenfrüchte und Getreide geerntet werden.

Der stets heftig wehende **Wind** auf Lanzarote macht es erforderlich, die jungen Pflanzen zu schützen. Während diese Funktion im Süden die akkurat gezogenen Mäuerchen aus dunklem Lavagestein übernehmen, sind es im Norden die dichten, etwa 15 cm breiten **Getreidestreifen** entlang der Äcker. Ist das Korn reif, wird es bis auf 50 cm kurze Stoppel abgemäht. Zudem beschweren die Landwirte den Boden vor allem während der Brache mit Steinen, damit der wertvolle, weil ertragreiche Sand nicht abgetragen wird. Für die Neusaat müssen die Steine wieder beiseite geschoben werden. Alles in allem eine ziemlich mühsame Arbeit.

Doch so, wie sich dieses einzigartige **Sportzentrum** heute präsentiert, entstand es erst ab 1983. Sage und schreibe 391 Apartments und 96 Suiten können rund 1200 Personen beherbergen: Hier trainierten Weltmeister und Olympiasieger. Ihre Fotos sind in der ›Hall of Fame‹ zu besichtigen, darunter u. a. auch deutsche Sportgrößen wie Erik Zabel, Michael Groß, Franziska van Almsick und Anni Friesinger. Aber auch Familien mit Kindern, die sich sportlich einmal so richtig austoben, vielleicht aber auch nur sonnenbaden oder die Insel erkunden möchten, sind hier willkommen. Zu diesem Zweck kann man clubeigene Leihwagen mieten oder sich organisierten Touren anschließen. Wollen die Eltern trainieren, kümmern sich Kinderbetreuer um die Kleinen bei Spiel, Sport, Basteln und Ausflügen.

Denn an allererster Stelle rangiert in diesem Club natürlich der Sport: Badminton, Handball, Volleyball, Basketball, Squash, Fußball, Tischtennis, Minigolf oder Fahrradfahren. Außerdem gibt es ein **Leichtathletikstadion**, in dem alle olympischen Disziplinen mit Ausnahme von Hammerwerfen trainiert werden können, zehn Tennisplätze und vieles mehr. Die größte Rolle freilich spielt hier am Atlantik der **Wassersport**. Speziell zum Tauchen und Windsurfen wurde eine herrliche, 2 km lange **Lagune** zwi-

Fit halten für die nächste Meisterschaft: Zahlreiche Sportler trainieren im Club La Santa

schen der vorgelagerten Insel La Isleta und der Clubanlage geschaffen.

Ein Olympia-Schwimmbecken ist ebenso selbstverständlich vorhanden wie eine malerische *Poollandschaft* mit Terrassen. Zum Club gehören außerdem: Konferenzräume und ein Physiotherapie-Zentrum für Massagen, eine Klinik, in der Gesundheitschecks durchgeführt werden, sowie Anlagen für Fitness- und Gewichttraining. Auch über die sportlichen und gesund-

Blitzblaue Verlockung – La Santas schwungvoll geformter Swimmingpool

heitsfördernden Aktivitäten hinaus ist in diesem Komplex so einiges geboten. Dafür sorgen Strandclub und Diskothek, Restaurants, Pizzeria, Poolbar sowie ein ausgedehntes Shoppingcenter.

 **Praktische Hinweise**

Sportzentrum

Club La Santa, Urbanización La Santa, Tel. 928 59 99 99, www.club lasanta.de. Buchungen in Deutschland über Club La Santa, Sperberhorst 11, Hamburg, Tel. 040/551 00 34. Das größte Sportzentrum des gesamten Kanarischen Archipels, in dem außerhalb der Saison auch Profis trainieren.

25 Mancha Blanca

Hier steht eine der beliebtesten Wallfahrtskirchen Lanzarotes.

An der Brücke, dort, wo Mancha Blanca fast mit Tinajo zusammenwächst, sollte man unbedingt einen Blick in die Tiefe werfen: In einem flachen Vulkankessel, der **Caldera de Guiguán**, haben die Bauern unterhalb ihrer hübschen Häuser eine unglaublich schöne, harmonische Gartenlandschaft aus flachen Terrassen geschaffen, auf denen sie Gemüse anbauen.

Die eigentliche Attraktion von Mancha Blanca aber liegt etwas außerhalb des Ortes in Richtung La Vegueta und Tiagua

schräg gegenüber der großen Kreuzung: Es handelt sich um die berühmte Wallfahrtskirche **Nuestra Señora de los Dolores**. Der Bau der Kirche im Jahre 1781 erfolgte zum Gedenken an ein Wunder der aus der Kirche von Tinajo [s. S. 91] entliehenen *Virgen de los Dolores*. Diese Madonnenstatue soll auf einer leichten Anhöhe ganz in der Nähe, dort, wo heute das Holzkreuz steht, am 16. April 1736 die von den Feuerbergen herunterströmenden Lavafluten knapp vor dem Dorf zum Stehen gebracht haben. Auch den glücklichen Umstand, dass ein weiterer Lavastrom – übrigens der letzte auf Lanzarote – 1824 Mancha Blanca verschonte, schreiben die Dorfbewohner ihrer Schutzherrin zu. So feiern sie diese beiden Wunder zweimal im Jahr mit großen Prozessionen: am **24. Mai** (*María Auxiliadora*, Mariahilf) und am **15. September** (*Virgen de los Volcanes*).

Die von außen recht imposante weiße, mit dunklen Lavasteinen abgesetzte Kirche beeindruckt in ihrem *Inneren* durch ihre Schlichtheit: Weiße Wände und schwarze Bodenplatten bestimmen den Raumeindruck. Durch die Laterne der Kuppel über dem Chor fällt das Licht auf die cremefarben und braun marmorierte **Hochaltarwand**, in der die hochverehrte *Virgen de los Volcanes*, wie die Virgen de los Dolores seit ihren großen Wundern genannt wird, steht. Die Muttergottes mit dem schmerzverzerrten Gesicht ist ganz in Samt und Seide mit kostbaren Sticke-

Verkaufsidyll mit Esel – Straßenhändler bei Mancha Blanca mit selbst angebauten Produkten

Welch ein Wunder – wo heute das Holzkreuz vor ›Nuestra Señora de los Dolores‹ steht, brachte die Madonna 1736 die von den Feuerbergen herunterströmende Lava zum Stehen

reien gekleidet und mit Silberschmuck behängt. Übrigens ist die Kirche fast den ganzen Tag über geöffnet – das ist eine Seltenheit auf Lanzarote.

Ausflug

Bei einem Vulkanausbruch kann unter sehr hohem Druck das heiße Magma, die Schmelze aus Gestein und Mineralien, beim Hochschleudern in Rotation versetzt werden und die Form einer Kugel annehmen. Die schönste und größte dieser **Vulkanbomben** genannten Gebilde findet man neben einigen kleineren ›Geschwistern‹ unterhalb der *Montaña Colorada* (465 m).

Um sich dieses eindrucksvolle Naturphänomen aus nächster Nähe an-

Hier hat die Natur beste Regie geführt – Vulkanbombe am Fuße der Montaña Colorada

Ein Lavateufelchen weist den Weg zu einer der wichtigsten Sehenswürdigkeiten auf Lanzarote

schauen zu können, fährt man von Mancha Blanca aus südwärts in Richtung der Straße Masdache – Uga. Nach etwa 5 km erstreckt sich dann links ein Schotterparkplatz, von dem aus man auf einer

Hochexplosive Demonstration von 400 ° C Erdtemperatur im Timanfaya-Nationalpark

Piste zu einer Absperrung gelangt. Hier informiert eine Tafel über die rund 4 km lange Umrundung der *Montaña Colorada* (518 m). Und dann liegen die teilweise bis zu 7 m hohen Basaltblöcke – riesigen Schokopralinen gleich – südlich des rotleuchtenden Vulkanberges vor dem Betrachter und lassen ihn einen Moment den Atem anhalten. So eindrucksvoll ist dieser Anblick.

26 Parque Nacional de Timanfaya

 Die aus heißer Magma gestaltete abenteuerliche Landschaft ist ein wahres Wunder der Natur.

Um den Nationalpark Timanfaya zu erreichen, wählt man ab Mancha Blanca die nach Südwesten führende, gut ausgebaute Straße Richtung Yaiza. Etwa 2 km weiter liegt hinter einigen Lavahügeln das **Centro Visitantes Mancha Blanca** (Tel. 928 11 80 42, tgl. 9–17 Uhr), das unbedingt vor der Besichtigung der Feuerberge besucht werden sollte. Die Architektur des Besucherzentrums demonstriert, wie schön etwas von Menschenhand Geschaffenes in die Natur eingepasst werden kann: Das aus der Ferne kaum zu erkennende weiße Bauwerk überragt nur knapp die Vulkanlandschaft, da der größte Teil in den Boden versenkt wurde. Man sollte sich, obwohl alles – z.B. die Entstehung Lanzarotes und seiner Vulkanlandschaften – sehr schön auf Tafeln und per Audiovision erklärt wird, ruhig einer Führung in den dunklen ›Eruptionsraum‹ anvertrauen: Hier erlebt man u. a. einen Vulkanausbruch hautnah.

Wer gut zu Fuß ist, kann sich unter www.reservasparquesnacionales.es für eine der geführten **Wanderungen** im Nationalpark anmelden, die mehrmals pro Woche kostenlos angeboten werden. Die Teilnehmer werden in Lavablasen und durch Lavatunnels geführt und sehen so all das, was im Besucherzentrum theoretisch erklärt wurde, ›am Objekt‹.

Vom Parkeingang sind es noch etwa 4 km, bis eine Straße rechts zu den **Feuerbergen** abzweigt. Mit der drohend dunklen Landschaft und den bizarren Formen der Hügel wächst die Spannung. Man sollte ganz langsam fahren und sich bild-

In vielen Farbtönen changiert die Lavalandschaft des Parque Nacional de Timanfaya

Wartende Wüstenschiffe – die Dromedare tragen Touristen entlang der Feuerberge

lich vorstellen, wie die Vulkanausbrüche 1730–36 und dann noch einmal 1824 diese Landschaft entstehen ließen. Viele Dörfer wurden unter glühender Lava erstickt, darunter auch *Timanfaya*, dessen Namen heute der höchste Vulkan der Gegend (510 m) und der 1974 gegründete, streng geschützte Nationalpark tragen.

Im Zentrum des Parks verkehren nur Busse, die das staunende Publikum in 45 Min. durch das Herz dieses größten Lavafeldes der Erde schaukeln. Langsam, untermalt von sphärischer Hintergrundmusik, schlängelt sich der Bus durch das 5107 ha große Areal. Ausgestiegen werden darf leider nicht, Fotostopps (durch die Busscheiben hindurch) gibt es mehrere. Unterwegs werden die unterschiedlichen Magmaerscheinungen erklärt: die schwarzen Kegel, die ockerfarbenen Kessel (*Calderas*), die braungelb schimmernden, sich hoch auftürmenden Lavaformationen (Juli–Sept. tgl. 9–18.45, letzter Bus 18 Uhr, sonst tgl. 9–17.45, letzter Bus

17 Uhr. Empfohlene Besuchszeiten: 9.30–10.30 und 15–17.45 Uhr).

Zuerst umfährt der Bus den **Mantó de la Virgen**, den Mantel der Jungfrau, so genannt, weil das schnelle Erkalten der Lava einen geöffneten Umhang entstehen ließ. In der spanischen Fachsprache nennt man diese Ausformung *Hornito*, Öfchen. Weiter vorne leuchtet die rote **Montaña Rajada** (37 m), der beste Aussichtspunkt des Nationalparks, an dem die Besucher leider auch nicht mehr aussteigen dürfen. Aus dem Bus schaut man hinunter auf die gerundeten schwarzgrauen Lavakegel, zwischen denen sich *Pyroklastenfelder* (griech. für zerbrochen) ausbreiten, die durch die plötzliche Eruption einer Magmakammer entstanden sind. Daneben schichten sich Lavahaufen auf, die eigentlich nur aus dem Gedärm des Vulkanteufels

stammen können. Wohl deshalb tragen sie so wunderbare Namen wie Seil-, Gekröse- oder Fladenlava.

Auf der Weiterfahrt zum **Timanfaya**, dem eigentlichen Kern des Nationalparks, passiert der Bus eine Naturgrotte, den **Barranco del Fuego**. Hier sieht man gelbe Flechten, die sich an die Lavaschichten krallen. Die **Vegetation** hat nach etwa 250 Jahren begonnen, sich die bis dahin tote Lavalandschaft zurückzuerobern. So wachsen im Timanfaya-Gebiet heute insgesamt rund 100 Arten von Flechten. Und überall sieht man auf dem schwarzen Boden die grünen Büsche der Stumpfblättrigen Wolfsmilch und der Balsam-Wolfsmilch (*Euphorbia obtusifolia* und *Euphorbia balsamifera*), zwischendurch die Rosetten eines Dickblattgewächses, des endemischen, d. h. nur hier vorkommenden Lanzarote-Aeoniums, und entlang der Pfade die ebenfalls endemische *Aulaga majorera* aus der Familie des Dornginsters.

Normalerweise macht der Bus einen Abstecher in den **Valle de la Tranquilidad**. In diesem Tal der Stille, einer grauen, Furcht erregend wirkenden Senke ohne Horizont, mitten im Lavafeld, hört man wirklich keinen einzigen Laut. Nach diesem Erlebnis ist man froh, auf dem Höhenrücken des Timanfaya-Gebietes wieder etwas Sicht- und Geräuschkontakt zur Außenwelt zu haben, das schäumende Meer und die weißen Häuser des Dörfchens *Las Breñas* zu erblicken. Unmittelbar unter dem Kamm zieht die bunte Karawane der Dromedare aus Uga [s. S. 116] ihre Bahn durch die Schlacken im Vorfeld des Nationalparks. Von hier sieht man, dass die Gruppe der Höckertiere recht klein ist und sich aus Naturschutzgründen nur am Rande der Feuerberge bewegen darf. Trotzdem ist ein solcher Ausritt eine lustige Urlaubseinlage.

Am Ende der Tour nähert man sich von oben dem **Islote del Hilario**. Hilario war übrigens ein Einsiedler, der oft hierher kam. Man muss genau hinsehen, um in der Lavalandschaft das 1970 von César Manrique kreierte Restaurant **El Diablo** auszumachen. Einfühlsam, mit Rücksicht auf die Umgebung, baute der Künstler das dunkle Gebäude aus feuerfesten Materialien in die Landschaft. Hier kann man ein weltweit einzigartiges Kochspektakel bestaunen: Auf einem Vulkanschlot-Grill werden Hähnchen gebrutzelt.

Unterhalb des Restaurants wird den Besuchern in zwei weiteren spektakulären Vorführungen demonstriert, welch hohe Temperaturen (400 °C) noch immer an diesem Ort herrschen. So steckt z.B. ein Parkangestellter einen trockenen Dornlattichstrauch in ein tiefes Loch, wo sich die Pflanze in Sekundenschnelle in einen Feuerball verwandelt. Auf der Terrasse darüber wird ein Eimer Wasser durch ein enges Rohr in die Tiefe gegossen. Und schon nach wenigen Sekunden zischen kochendes Wasser und Dampf mit einem ungeheuren Knall als Säule in die Höhe.

Wandertouren

Lanzarote Active Club, Calle El Crucero 7, Costa Teguise, Tel. Mobil 650 81 90 69, www.lanzaroteactiveclub.com. Verschiedene Touren im Angebot (Abholung auf der ganzen Insel). Besonders beeindruckend die Drei-Vulkane-Tour. Auch andere Anbieter sind im Vulkangebiet unterwegs, ebenso organisiert der Nationalpark Wandertouren [s. S. 96 f.].

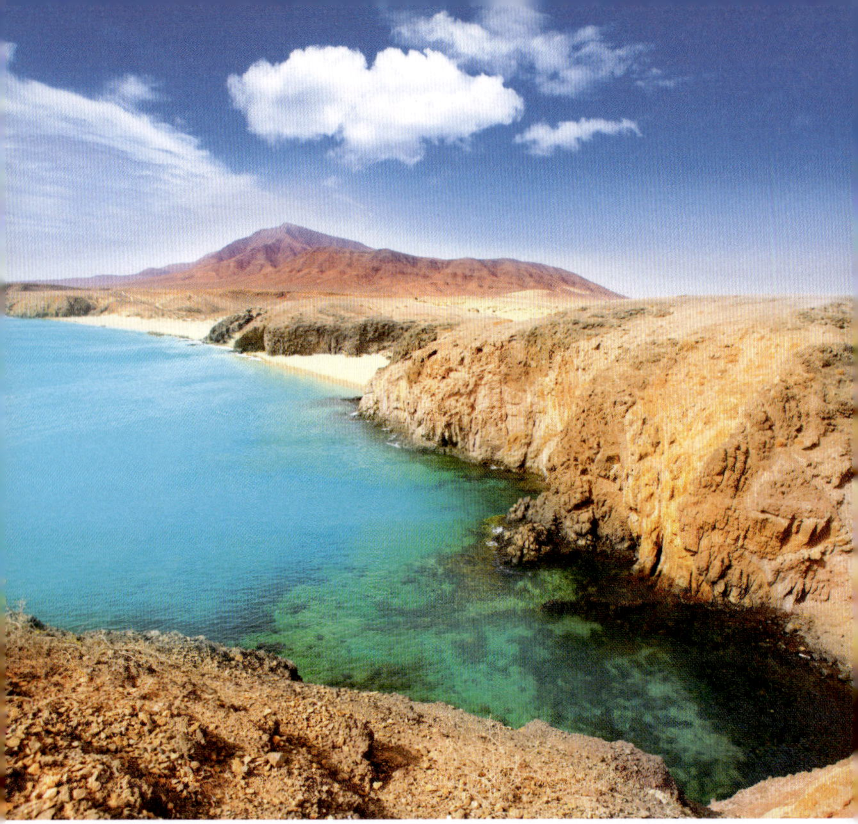

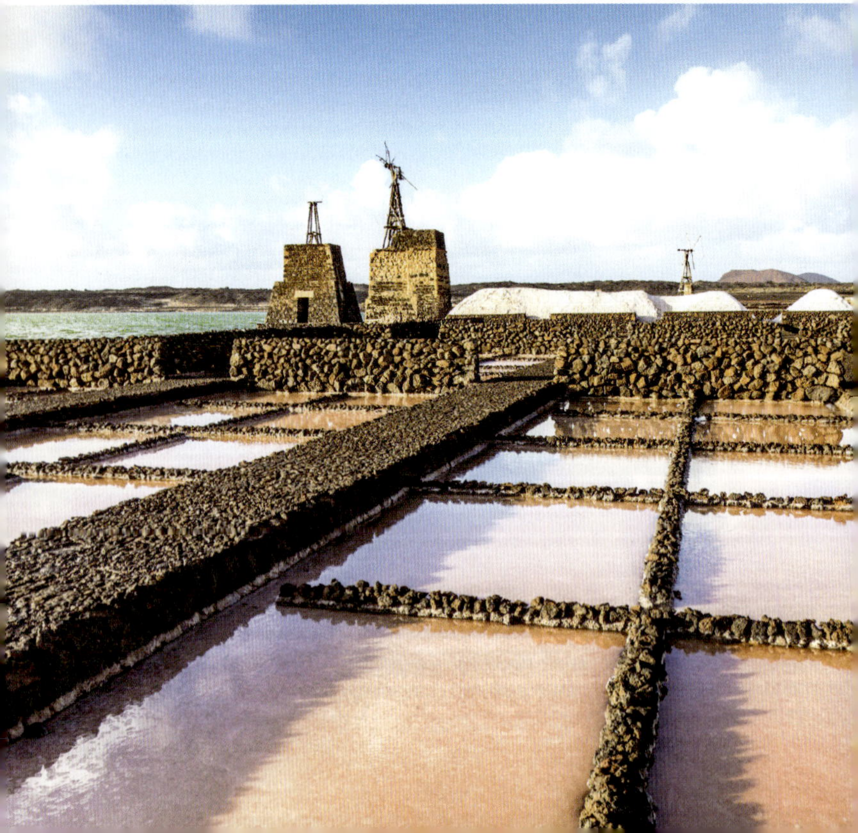

Der Südwesten –
Traumdünen und Touristenstädte

Einen faszinierenden Kontrast zu den dunkelfarbig leuchtenden Feuerbergen bieten die hellsandigen Dünenregionen der naturgeschützten Papagayo-Strände ganz im Südwesten, an denen man wunderbare Spaziergänge unternehmen kann. Nicht weit vom stetig wachsenden Urlaubs- und Hafenort Playa Blanca stößt man in westlicher Richtung auf die ältere **Ferienurbanisation** Puerto del Carmen, wo vor allem nächtens so richtig die Post abgeht. Dazwischen liegen einige schöne alte Dörfer, unter denen Yaiza mit seinen blendendweißen Bauernhäusern herausragt. Und in der Nachbarschaft lebt ein ganzer Ort, Uga, vom Ruhm seiner **Dromedare**, welche die Touristen zu den Feuerbergen schaukeln. An der Küste sind die **Salinen** von Janubio zum historischen Denkmal erklärt worden.

27 Yaiza

Ein schmuckes Städtchen mit schönen alten Gebäuden und einer sehenswerten Galerie.

Von der verkehrsentlastenden Umgehung zweigt die alte Hauptstraße ins Zentrum von Yaiza ab, das seine Bewohner als schönstes Dorf Lanzarotes preisen. Und tatsächlich hat man den Eindruck, dass es mit Teguise und vielleicht auch Haría konkurrieren kann, sieht man die frisch geweißelten Häuser in den gepflegten Gärten sowie die zahlreichen schlanken Palmen und die rotblühenden Aloe-Pflanzen. Der alte Kern des Dorfes ist recht klein, und man sieht ihm nicht an, dass Yaiza das Verwaltungszentrum des Inselsüdens ist.

Viele Funde in der Umgebung, Tonscherben und Handmühlen, deuten darauf hin, dass dieses fruchtbare Gebiet vor 2000 Jahren von den Altkanariern besiedelt war. 1730–36 hatten die Lava speienden Ausbrüche des Timanfaya

Oben: *Unter Naturschutz – die Playas de Papagayo zählen zu den schönsten Stränden der Insel*
Unten: *Fotogen – die Windmühlen und rosafarbenen Becken der Salinen von Janubio*

auch Yaiza in Mitleidenschaft gezogen. Man baute den Ort anschließend ganz schnell wieder auf, ohne jedoch die mit Lava und Asche bedeckten Felder wieder in vollem Umfang landwirtschaftlich nutzen zu können. Viele Bewohner fanden fortan ihr Auskommen in den Salinen von Janubio [s. S. 108].

Heute spielt sich das Leben in Yaiza um den Hauptplatz, die lang gestreckte **Plaza de los Remedios** mit ihren Palmen und den schwer an ihren Früchten tragenden Pfefferbäumen, ab. Die östliche Schmalseite der Plaza schaut auf die von einem offenen Glockenstuhl dominierte Pfarrkirche **Nuestra Señora de los Remedios**, die, außer zur Mittagszeit, fast immer besichtigt werden kann. Das relativ kurze, nur dreijochige Gotteshaus wurde 1690–98 anstelle einer Marieneinsiedelei errichtet. Zuvor mussten die Bewohner der Umgebung nach Teguise gehen, um zu heiraten oder ihre Kinder taufen zu lassen. Erst 1728 erhielt Nuestra Señora de los Remedios den Status einer Pfarrkirche. Nach den Vulkanausbrüchen 1730–36 musste sie allerdings erheblich restauriert werden.

Man betritt das Gotteshaus durch das aus dunklem Holz geschnitzte Hauptportal oder durch das südliche Seitenportal. Im *Inneren* stützen drei recht massige

Die von außen eher schmucklose Kirche Nuestra Señora de los Remedios in Yaiza erfreut im Inneren mit einer bunt bemalten Mudéjar-Decke

›Turismo Rural‹ gibt's auch auf Lanzarote recht häufig: Im Landesinneren werden rustikale Sommerhäuser für Urlauber restauriert, hier die Finca de las Salinas in Yaiza

Rundpfeiler aus grauschwarzem Lavagestein die dunklen Mudéjar-Decken der beiden Langhausschiffe und des Querschiffes, eine vierte Stütze ist ins Mauerwerk integriert. Chorraum und Vierung sind, wie auf der Insel üblich, mit einer farbigen Mudéjar-Decke zusammengefasst. Diese ist übrigens die einzige Lanzarotes, die von Anfang an bemalt war – alle anderen erhielten ihren bunten Schmuck erst später. Diese Decke in den Hauptfarben Rot, Blau und Gelb besitzt einen langen oktogonalen ›Spiegel‹ mit drei puttenverzierten Medaillons und Inschriften, von denen eine Maria verherrlicht: »Angelorum cori laetantes Nomen Mariae celebrant et alternantibus modulis dulcia carmina concinant« (Die Engelschöre feiern fröhlich den Namen Mariae und stimmen mit verschiedenen Stimmen süße Lieder an).

Über der neoklassizistischen hölzernen **Hochaltarwand** mit dem bemalten Kruzifix liest man: »Hic omnia Remedia« (Hier sind alle Nothelfer). Schließlich ist die Kirche ja der ›Jungfrau der Vierzehn Nothelfer‹ geweiht. Die brokatgewandete Skulptur der Muttergottes steht in der Hauptnische der Altarwand auf einer silbernen Mondsichel und trägt eine feine Silberkrone, ebenso wie das Jesuskind auf ihrem Arm. Am Ende des linken Seitenschiffes wird die Schutzpatronin mit einem Ölbild von 1785 verehrt.

Auf der Rückseite der Kirche öffnet sich vor dem bescheidenen **Rathaus** (viele Amtsräume wurden aus Platzgründen in anderen Gebäuden ringsum untergebracht) die kleine, vor lauter Bäumen kaum noch zu erkennende **Plazuela de Víctor Fernández**. Hier haben die Gemeindeväter das kleine, krugtragende Bauernmädchen aufgestellt, mit dem die schönsten Dörfer Spaniens geehrt werden. Und Yaiza hat diesen Wettbewerb bereits zweimal gewonnen.

Hinter dem Rathaus befindet sich ein Anwesen, das Anfang der 1970er-Jahre César Manrique und Luis Ibañez kauften. Sie gestalteten ein 300 Jahre altes, heruntergekommenes *Landgut* neu und gründeten das stilvolle Restaurant **La Era** (die Tenne), das sich mit seinen niedrigen Gebäuden um einen schön bepflanzten Patio gruppiert. Heute wird das Lokal unter anderer Leitung weitergeführt.

Zurück geht's zur Plaza de los Remedios. Die **Casa de la Cultura** (Tel. 928 83 02 75, Mo–Fr 9–13 und 17–19 Uhr) am westlichen Platzende ist das Geburtshaus des Literaten und Politikers *Benito Perez Armas* (1871–1937). 1990 wurde es nach grundlegender Sanierung als Kulturzentrum mit Bibliothek und Ausstellungsräumen eröffnet, in denen einheimische Künstler ihre Gemälde und Skulpturen präsentie-

ren können. Besonders gelungen ist die Anordnung der einzelnen Gebäude um den offenen **Innenhof**. Bemerkenswert sind auch die roten Ziegeldächer des Ensembles, die im Kontrast stehen zu den übrigen Dächern des Dorfes, die wie die Mauern der Häuser zumeist weiß gehalten sind. Das alles wirkt dank der kubischen Formen recht maurisch. Die Gebäudekanten der Casa de la Cultura bestehen aus akkurat behauenen, grauschwarzen Vulkansteinen, was den gepflegten Eindruck noch verstärkt.

Eines der bemerkenswertesten Bauernhäuser von Yaiza liegt Richtung Playa Blanca. Es präsentiert sich blendendweiß mit grünen Fensterläden und Türen und beherbergt heute die **Galería Yaiza** (Tel. 928 83 04 83, Mo–Sa 17–19 Uhr). Der deutsche Maler Wilfried Leitz († 1998), auf der Insel nur unter seinem Künstlernamen *Veno* bekannt, hat sie bereits 1979 zusammen mit seiner Frau Friedel gegründet. Die Galerie diente zum einen der Präsentation seiner eigenen Werke, zum anderen dazu, die jungen Talente der Insel zu fördern. Lange Zeit nutzte Veno das Gebäude auch als Atelier. Hier entstanden fast alle seiner von der Kargheit und besonderen Schönheit Lanzarotes geprägten impressionistisch anmutenden Gemälde, vielfach in den Inselfarben Ocker und Gelb, Braun und Rot. Die Galerie zeigt eine Vielzahl seiner Werke sowie Ausstellungen von zeitgenössischen Künstlern.

TOP TIPP

In der vom Künstler Veno gegründeten Galeria Yaiza stellen auch einheimische Talente aus

Yaiza mit seinen alten, ganz in Weiß gehaltenen Häusern gilt als schönstes Dorf Lanzarotes

Darunter sind Bilder von *Pedro Tayó* aus dem benachbarten Uga [s. S. 116], einem Maler, den Veno entdeckt und gefördert hat. Inzwischen führt Venos Sohn Jochen die renovierte Galerie; seine südamerikanische Frau bietet Spanischkurse an und seine Mutter betreibt die Casa Friedel, ein reizendes Ferienhaus für 2–4 Personen.

Am Ortsrand stehen zwei restaurierte Herrenhäuser. Die rötlichbraune Finca de las Salinas war im 17. Jh. im Besitz von Gonzalo Lleó, dem Mitinhaber der Salinen von Janubio. **La Casona de Yaiza**, heute ein schönes Landhotel (s. u.) mit Pool, ließ 1825 ein reicher Lanzaroteño als Sommerhaus bauen. Beliebt ist das Restaurant im ehemaligen Weinkeller. In der früheren Zisterne wurde eine Galerie eingerichtet.

ℹ️ Praktische Hinweise

Hotels

⭐**TOP TIPP** ****Casa de Hilario**, Calle General Garcia Escamez 19, Yaiza, Tel. 928 83 62 62, www.casadehilario.com. Zauberhaftes Anwesen mit 7 eleganten Zimmern, gepflegtem Salon und kleinem Pool.

****Casa el Morro**, Calle El Morro de Uga 1, Yaiza, Mobil 699 41 78 71, www.casaelmorro.com. Auf ihrer in individuell gestaltete Unterkünfte mit schönem, windgeschützten Pool umgewandelten Finca bietet Raquel Hidalgo organische Gerich-te sowie Yoga und Ayurveda-Behandlungen in einer fernöstlichen Yurte an.

****La Casona de Yaiza**, Calle El Rincón 11, Yaiza, Tel. 928 83 62 62, www.casonadeyaiza.com. Elegantes Sommerhaus

Hier hat sich die Natur ins Zeug gelegt – Blick auf die ›Grüne Lagune‹ El Golfo am Atlantik

von 1825 mit 8 geschmackvollen Zimmern und einem Restaurant im Weinkeller. Pool und Jacuzzi.

Restaurant

La Casona de Yaiza, Calle El Rincón 11, Yaiza, Tel. 928 83 62 62, www.casonade yaiza.com. Restaurant des gleichnamigen Hotels mit fantasievoller kanarischer Küche und angenehmen Ambiente (Reservierung empfohlen).

28 El Golfo

Traumhafte Lagune am Atlantik und ein kleines Nest voller Fischrestaurants.

Am südlichen Rand der Feuerberge führt die Straße durch raues, schwarzes Malpaís, landwirtschaftlich nicht nutzbares Gebiet, und weiter durch erodierte Lavalandschaft mit hoch aufragendem Blaugrünen Tabak (*Bobós*) und Wolfsmilchbüschen, die im heißen Sommer ihre Blätter abwerfen, um Feuchtigkeit zu sparen. Dann folgt wieder ein Stück Ödland, auf dem rot blühende Sukkulenten wachsen.

Bald darauf fällt die Straße steil zum Meer ab, wo ein großer Parkplatz liegt.

Man sieht die wegen ihrer Farbe auch einfach Lago Verde genannte Lagune **El Golfo** nicht gleich, weil sie sich linker Hand hinter dem wie eine Abraumhalde wirkenden Rand einer abgebrochenen *Caldera* (Vulkankessel) versteckt. Erst von einer Aussichtsplattform aus, die man in fünf Minuten vom Parkplatz aus über einen befestigten Weg erreicht, hat man einen atemberaubenden Blick auf die unglaublich grün schimmernde, lang gezogene Lagune. Rechts trennt sie ein schmaler schwarzer Sand- und Kiesstrand vom Meer, auf den beiden anderen Seiten ist sie von höheren *Caldera*-Wänden aus Lava und Tuff umgeben, die wie aus Knetmasse geformt wirken und in den Farben Gelb und Ocker, Braun und Schwarz, Grün und Orange schimmern.

Ursprünglich war an dieser Stelle nach einem untermeerischen Vulkanausbruch im Pleistozän ein Krater entstanden, dessen Wände relativ weich waren, sodass sich das stürmische Meer eine Hälfte des Kraters holte. Später bildete sich zu Füßen

Fischgenuss ohne Grenzen versprechen die Lokale im kleinen Casas de El Golfo

dieses Halbschlundes der kleine, aber großartige See, dessen smaragdgrüne Farbe Algen verursachen. Zur Lagune hinabsteigen kann man nicht, der Abstieg ist aus Sicherheitsgründen gesperrt. Auch an anderer Stelle ist kein Zugang zum Ufer möglich. Doch allein der Blick von oben auf das smaragdgrüne Gewässer ist einen Ausflug wert.

Nördlich der abgebrochenen Caldera erstreckt sich der kleine Ort **Casas de El Golfo**, der praktisch nur aus Fischrestaurants besteht. So hat man die Qual der Wahl. Egal, für welches Restaurant man sich entscheidet, eines sollte man auf gar keinen Fall versäumen: den fantastischen Sonnenuntergang, den man von den Terrassen etlicher Restaurants beobachten kann. An der laternengesäumten schmalen Uferstraße am nördlichen Ende des Dorfes befinden sich außer den zahlreichen Restaurants auch viele Souvenirläden. Schließlich gehört El Golfo zu den beliebtesten Ausflugszielen der einheimischen wie ausländischen Touristen.

ℹ️ Praktische Hinweise

Unterkünfte

Die meisten Lokale in Casas de El Golfo vermitteln einfache Zimmer oder Apartments an Touristen (Infos vor Ort).

Naturschauspiel Los Hervideros – weiß gischtende Wellen vor schwarzen Lavafelsen

***El Hotelito del Golfo**, Av. Marítima 6, Casas de El Golfo, Tel. 928 17 32 72, www. hotelitodelgolfo.com. Das gemütliche, familiäre Hotel bietet 5 hübsch renovierte Zimmer in zwei kleinen Gebäuden. Mit kleinem Swimmingpool, der mit Meerwasser gefüllt ist.

Restaurants

Bogavante, Avenida Marítima 39, Casas de El Golfo, Tel. 928 17 35 05. Das bekannteste Fischlokal des Ortes besteht aus einer Hütte mit Meeresterrasse. In den Kühltruhen lagern die frisch gefangenen Fische, unter denen man sich den leckersten aussuchen kann. Besonders empfehlenswert: die kross gebratenen Seezungen, die über den Tellerrand hinausragen.

Mar Azul, Avenida Marítima 48, Casas de El Golfo, Tel. 928 17 31 32. Kleines typisches Fischlokal an der Uferstraße (Aug. geschl.).

Lago Verde, Avenida Marítima 46, Casas de El Golfo, Tel. 928 17 33 11. Während man köstliche Fischgerichte verzehrt, hat man von der großen Terrasse die Uferstraße bestens im Blick.

El Golfo, Casas de El Golfo, Tel. 928 17 31 47. Großes, zweistöckiges, neben dem *Hotelito* gelegenes Terrassen-Restaurant mit freundlichem Service.

29 Los Hervideros

Gewaltiges Naturschauspiel an der wilden Lavaküste im Inselsüden.

Der Name Los Hervideros bedeutet ›die Brodelnden‹, und tatsächlich meint man beim Blick vom Parkplatz aus in den tiefen **Fjord**, einen brodelnden Dampfkessel unter sich zu haben. So kräftig schlagen hier, 4 km südlich von El Golfo, die meterhohen Wogen des Atlantiks in

Weißes Gold

Es gilt als sicher, dass die Salinen, die auf Lanzarote betrieben wurden, wie etwa am Risco de Famara, bei Costa Teguise, Arrecife und bei La Santa, die ältesten des gesamten Kanarischen Archipels sind. Im Falle der Salinen am **Risco de Famara** geht man davon aus, dass sie bereits in der Antike existierten, auch wenn schriftliche Aufzeichnungen darüber erst aus dem 15. Jh. stammen.

Der in Arrecife tätige italienische Festungs-Baumeister **Leonardo Torriani** hatte sie 1590 sogar in seine Lanzarote-Karten eingetragen. Und ein englischer Händler namens George Glas hielt im Jahre 1764 fest, dass Salz aus der Saline von El Río (= Risco de Famara) nach Teneriffa und La Palma exportiert wurde. Zu Beginn des 19. Jh. sollen hier auf einer Fläche von mehr als 42 ha über 500 t Salz pro Jahr produziert worden sein, wie der angesehene spanische Historiker Agustín Millares in seinem Tagebuch festhielt.

Erst im 19. Jh. folgte die Salzgewinnungsanlage oberhalb des **Puerto de Naos** im Osten von Arrecife, das sich dann am Ende des Jahrhunderts zum Exporthafen für Salz zur afrikanischen Küste entwickelte. Und in den 1920er-Jahren wurden schließlich die großen **Salinen von Janubio** in Betrieb genommen. Es war die Boomzeit der Salzindustrie auf Lanzarote. Doch das Aus erfolgte nach 1945, als moderne Kühlsysteme Einzug hielten und die Konservierung durch Salz ablösten. Bis dahin wurden beispielsweise in den Salinen von Janubio noch bis zu 10 000 t Salz pro Jahr gewonnen. Bis in die

Von der Abendsonne verzaubert: die denkmalgeschützten Salinen von Janubio

1960er-Jahre wurde die Produktion dann immer mehr zurückgefahren.

Die Technik der Salzgewinnung hat sich übrigens über die letzten Jahrhunderte hinweg kaum verändert, nur dass das Meerwasser heute auf Lanzarote mittels elektrischer Pumpen anstelle von Windmühlen in die großen Sammelbecken befördert wird. Mehrere Wochen lang verdunstet es dort, wird dann in kleinere Becken geleitet, wo es verbleibt, bis sich eine dickflüssige **Salzlake** gebildet hat, die dann in die eigentlichen Salinen fließt. Dort verdunstet das restliche Wasser, das Salz wird aufgehäuft und getrocknet.

die schwarzen Vulkangrotten, pressen die weiß gischtenden Wellen in eine Öffnung und drücken sie spritzend aus der anderen wieder hinaus. Wer dem Schauspiel näher sein möchte – auch auf die Gefahr hin, nass zu werden –, kann im Scheitelpunkt des Fjordes über die natürlichen Lavabrucken gehen, die teilweise durch Geländer abgesichert sind.

Im Sommerhalbjahr kann es allerdings vorkommen, dass die Hervideros träge vor sich hin dümpeln, statt ein aufregendes Naturschauspiel zu liefern. Den grünen **Olivinschmuck**, der manchmal auf dem Parkplatz angeboten wird, sollte

nur erstehen, wem es gleichgültig ist, ob er von der Insel stammt oder nicht. Denn Lanzarotes Olivin ist brüchig, der für Schmuck geeignete harte Edelstein kommt aus Südamerika.

Fährt man weiter nach Süden, immer noch oberhalb der scharfkantigen, steil abfallenden Vulkanküste, die der Timanfaya und seine ›Nebenbuhler‹ im 18. Jh. schufen, öffnet sich nach kurzer Strecke ein großer **Vulkanbogen** über dem Wasser, viele kleine schwarze Buchten folgen, dann ist wieder ein Steinbogen markanter Blickpunkt. Das Malpaís ist hier besonders porös und brüchig.

30 Las Salinas de Janubio

Lanzarotes größte Salinen, die heute zum Teil wieder in Betrieb sind.

Mehrere verfallene Windmühlen erheben sich am meerzugewandten Rand der rund 2 km² großen Salinenanlage, die heute unter Denkmalschutz steht. Die Mühlen pumpten einst das Meerwasser in die höher gelegenen Verdampfungsbecken hinauf. Als sich die Salinen nicht mehr rentierten, ließ man sie verfallen. Inzwischen wurde die Anlage mit Mitteln des spanischen Staates und der EU restauriert, um die Salzgewinnung erneut zum Leben zu erwecken. Schließlich erfreut sich Meersalz heute wieder großer Beliebtheit. 2000 Tonnen mineralienreiches Janubio-Salz werden hier pro Jahr gewonnen. Kaufen kann man es in der **Bodega de Janubio** (Calle El Golfo s/n, Tel. 928 80 43 98, www.salinasdejanubio.com, Mo–Fr 10–18 Uhr).

Am eindrucksvollsten präsentiert sich die Anlage kurz vor Sonnenuntergang, wenn die rosafarbenen **Becken** durch die Strahlen der untergehenden Sonne in goldgelbes und tiefrotes Licht getaucht werden. Die Steinmäuerchen zwischen den Verdunstungsbecken wirken dann noch dunkler, die Reste der Windmühlen heben sich wie Scherenschnitte vom Horizont ab, die weißen, zu Pyramiden geschichteten **Salzhaufen** erscheinen geradezu unwirklich. Die Salinen sind übrigens ein bedeutendes Revier für Vögel wie z. B. Uferschnepfen, Stelzenläufer und Sandregenpfeifer.

Die **Playa del Janubio** südlich der Salinen (Man achte auf die Beschilderung ›La Playa‹) ist eine schwarzsandige Schönheit und bietet ein großartiges Naturschauspiel, wenn die hohen, weißgischtenden Wellen gegen die Felsen schlagen. An der Küste fällt ein großer heller Kasten auf, die **Meerwasser-Entsalzungsanlage** für den Hafen- und Touristenort Playa Blanca.

ℹ Praktische Hinweise

Hotel

****Casa Rural Vista**, Calle Cocederos 2, Las Salinas de Janubio, La Hoya, Mobil 626 42 99 52. Komfortable Finca, zauberhaft gelegen, mit herrlichem Blick auf den Timanfaya und die Salinen.

Restaurant

El Mirador, Carretera Yaiza – El Golfo km 1, Tel. 928 17 30 70. Früher kamen die Gäste vor allem wegen der schönen Aussicht auf die Salinen, heute schwärmen Feinschmecker vom gehobenen Standard der kanarischen Küche (tgl. 12–22 Uhr).

31 Playa Blanca

Ständig wachsender Urlaubsort mit schönen Sandstränden.

Zwei Parallelstraßen führen von der Kreuzung La Hoya östlich der Salinen zum Urlaubszentrum Playa Blanca an der praktisch unbesiedelten, recht kahlen

Wie Perlen an einer Kette reihen sich die Restaurants an der Promenade von Playa Blanca

Rubicón-Halbinsel am südlichsten Zipfel Lanzarotes.

Das zu einem Restaurant umfunktionierte Lagerhaus **Almacén de la Sal** erinnert daran, dass Playa Blanca (weißer Strand) bis in die 1960er-Jahre hinein der Salzverschiffungshafen für die nahe gelegenen Salinen von Janubio war. Dann geriet das Fischernest fast in Vergessenheit. Mit der Errichtung einer Apartmentanlage Ende der 1980er-Jahre wurde schließlich das touristische Zeitalter eingeläutet. Playa Blanca entwickelte sich innerhalb weniger Jahre zu einer der größten Feriensiedlungen der Insel. Und an den Ortsrändern geht der Bau von Hotelkomplexen und Bungalowanlagen noch immer weiter. Zudem entstand **Marina Rubicón**, ein moderner neuer Jachthafen mit 500 Anlegeplätzen.

Allmählich verliert der Ort seinen Charme, die hohe Zahl an Urlaubern schadet zunehmend der Gemütlichkeit des kleinen alten Kerns. Ausgesprochen gut besucht wird auch die ansprechende **Uferpromenade**, auf der man oberhalb des hellsandigen, schmalen und oft sehr überfüllten Hausstrandes flanieren und

einkehren kann. Denn zahllose Restaurants und Bars warten hier auf Gäste. Fast überall sitzt man im Freien und kann den Blick übers Meer schweifen lassen.

Mehrmals täglich legen westlich von Playa Blanca im **Hafen** die Fähren an oder ab, die Lanzarote mit Fuerteventura über die knapp 15 km breite, nicht immer ruhige Meerenge von **La Bocaina** verbinden. Oft werden die Schiffe begleitet von blau schimmernden fliegenden Fischen, die man in solchen Mengen sonst nur ganz selten sieht. Die große Nachbarinsel **Fuerteventura** mit ihren berühmten hohen Sanddünen hat sich zu einem der beliebtesten Ausflugsziele von Playa Blanca aus gemausert. Ein Abstecher zu der wegen ihrer stillen Buchten beliebten Nachbarin **Lobos** ist in der Regel inbegriffen.

ℹ Praktische Hinweise

Information
Punto de Información Turística, Calle Limones s/n, Playa Blanca, Tel. 928 51 81 50, www.yaiza.org, Mo–Fr 9–16 Uhr

Der Jachthafen von Playa Blanca mit seinen 500 Liegeplätzen sowie Restaurants und Bars

Von Playa Blanca nach Corralejo auf Fuerteventura gibt es im Schnitt 6 Überfahrten. Passagedauer ca. 35 Min.

Jachthafen

Puerto Deportivo Marina Rubicón, Urbanisación Castillo del Águila, Playa Blanca, Tel. 928 51 90 12, www.marina rubicon.com. Neuer Hafen mit 500 Anlegestellen, mehreren Restaurants, Bars und Boutiquen sowie einem Hotel.

Hotels

*****The Hotel Volcán Lanzarote**, El Castillo 1, Playa Blanca, Tel. 928 51 91 85, www.hotelvolcanlanzarote.com. Hotel der Spitzenklasse, individuelle, moderne Architektur, Eingangshalle mit Werken des lanzaroteñischen Künstlers Águilar.

*****Princesa Yaiza**, Avenida Papagayo 22, Tel. 928 51 93 00, www.princesayaiza. com. Eleganz im Kolonialstil, nur durch die Promenade vom flach abfallenden Sandstrand getrennt; 6 Pools, 8 Restaurants, Thalassotherapie, Shoppingcenter, Sporteinrichtungen und Jazzclub *4 Lunas*.

****Lanzarote Park**, Avda. Archipiélago 7, Playa Blanca, Tel. 928 51 70 48, www.ibero star.com. Architektonisch ansprechende Anlage mit großem Freizeitangebot.

****Lanzarote Princess**, Calle Maciot, Playa Blanca, Tel. 928 51 71 08, www.ho telh10lanzaroteprincess.com. Großzügige moderne Anlage mit Poollandschaft und zahlreichen Sportmöglichkeiten nahe der Playa Dorada.

****Timanfaya Palace**, Calle Gran Canaria s/n, Playa Blanca, Tel. 928 51 76 76, www.hotelh10timanfayapalace.com.

Busverbindung

Nach Arrecife: Mo–Sa 12-mal tgl., So 8-mal tgl. (über Tías). Fahrtdauer ca. 40 Min.

Bootsausflüge

Lineas Fred Olsen, an der Mole von Playa Blanca, Tel. 902 10 01 07, www.fredolsen.es

Naviera Armas, an der Mole von Playa Blanca, Tel. 928 51 79 12, www.navieraarmas.com

Ein Traum von einem Hotel – das ›Lanzarote Park‹ in dem gepflegten Urlaubsort Playa Blanca

An den feinsandigen Papagayo-Stränden findet sich immer ein hübsches Plätzchen

Das Hotel liegt am westlichen Rand von Playa Blanca hinter dem Hafen. Der großartige Komplex ist im maurischen Stil gehalten, ganz in Weiß mit vielen kühlen Wasserspielen und schönen Azulejos. Reiches Sportangebot mit Tauchschule und Hochseefischen.

Club- und Apartmentanlagen

***Atlantic Gardens Bungalows, Urbanización Montaña Roja 42, Playa Blanca, Tel. 928 51 91 11 oder 971 78 33 03, www.marconfort.es. Vom Strand der Playa Flamingo im Westen und vom Hafen etwa 500 m entfernt liegende Bungalowanlage um zwei Süßwasserpools.

***Lanzasur Club, Urbanización Montaña Roja, Playa Blanca, Tel. 928 51 75 33, www.relaxia.net. Bungalowanlage um eine Poollandschaft 500 m von der westlichen Playa Flamingo entfernt.

Restaurants

Cookies, Calle Berrugo N02, Local 2B2, Playa Blanca, Tel. 928 59 45 13. Gut besuchtes Lokal direkt am Jachthafen. Internationale Küche, fast schon legendär sind die riesigen Steaks.

Casa Pedro, Avenida Marítima 77, Playa Blanca, Tel. 928 51 79 65, www.casapedroplayablanca.com. An der Uferpromenade gelegenes Lokal in kanarischem Stil.

Angeboten werden in gemütlicher Atmosphäre frischer Fisch und leckere Meeresfrüchte. Guter Service, jedoch nicht ganz billig.

32 Playas de Papagayo und Los Ajaches

Naturschutzgebiet mit den sehenswertesten Stränden der Insel.

Ansprechend restauriert präsentiert sich das kleine runde **Castillo de las Coloradas** östlich der Playa Blanca mit seinem winzigen offenen Glockenstuhl und der steilen Treppe zur kleinen Eingangstür hinauf. Das Kastell wurde 1769 errichtet und hat seinen Namen von der vielfarbigen Steilküste, über der es sich erhebt. Von hier oben hat man einen wunder schönen Blick auf die Dünen der **Playas de Papagayo**, die zu den attraktivsten Stränden Lanzarotes gehören.

Das Gebiet hinter der Festung bis zu den 560 m hohen Los Ajaches wurde 1998 zum **Naturschutzgebiet** erklärt, und seitdem verlangt die Gemeinde von Yaiza von Autofahrern eine Eintrittsgebühr. Pistenfans hatten zuvor mit mehr oder weniger geländegängigen Fahrzeugen überall in dem staubüberzogenen Gebiet ihre

Reifenspuren hinterlassen und damit der empfindlichen Ökologie der Region erheblichen Schaden zugefügt. Jetzt ist die Fahrt nur noch auf wenigen Wegen erlaubt, an deren Enden Naturschützer zudem noch große Steine platziert haben, um wirklich jeden davon abzuhalten, direkt an den Strand zu kutschieren. Hier soll sich die strapazierte Natur wieder erholen. Etliche Besucher jedoch ziehen von jeher die gemütliche Anreise mit einem Ausflugsboot der mühsamen Fahrt über das holprige Gelände vor.

Auf der großen Karte am Eingang zum Naturpark kann man sehen, wie die beliebten, feinsandigen Buchten hintereinander angeordnet sind: Zunächst kommt die *Playa de Mujeres*, mit 400 m Länge der größte und auch meistfrequentierte Strand. Der anspruchslose Hunger kann an einem Imbisswagen gestillt werden. Es folgen die schmale, recht einsame *Playa de Caletón*, die etwa 300 m lange, gut besuchte *Playa del Pozo* mit der archäologischen Zone San Marcial de Rubicón [s. S. 114], die ebenso lange *Playa de la Cera* und die malerische, windgeschützte, oft aber überfüllte *Playa de Papagayo*, die namengebend für die ganze Gruppe von Stränden ist. An der knapp 100 m langen, dem Wind ausgesetzten *Playa de Puerto Muelas* ist der riesige

Die wunderbaren Papagayo-Strände und ihre Umgebung stehen unter Naturschutz

Campingplatz besonders bei den Bewohnern der benachbarten Kanareninseln, aber auch bei Festlandsspaniern als Urlaubsquartier beliebt. Den Abschluss bildet die flach abfallende *Playa Caleta del Congrio* (auch FKK-Strand) mit ihrer starken Brandung.

1402 kamen normannische Eroberer unter Jean de Béthencourt nach Lanzarote und siedelten sich mit Erlaubnis des Guanchenkönigs Guardafía im äußersten Südwesten der Insel an, in den **Los Ajaches** oberhalb der Papagayo-Strände. Im *Barranco de los Pozos* findet man noch einige Überreste ihrer Siedlung: die Ruinen eines Wehrturmes, einige *Pozos* (Brunnen), die der Schlucht ihren Namen gaben, und ein Kreuz, das die Stelle markiert, an der die erste Kapelle gestanden haben soll. Nichts ist von dem **San Marcial de Rubicón** geweihten Gotteshaus übrig geblieben, nach dem die Forscher das gesamte Grabungsgebiet benannt haben. 1404 wurde es zur Kathedrale erhoben und war damit die älteste auf den Kanarischen Inseln überhaupt. Einige Ruinen und Felsritzungen deuten darauf hin, dass die Region der **Los Ajaches** schon von den Altkanariern besiedelt war. Die Forschungen sind im Gange.

Für das gesamte Gebiet – das kleine Castillo de las Coloradas und die Papagayo-Strände inbegriffen – wurde inzwischen der *Parque Temático* eingerichtet, ein Naturmonument sozusagen.

ℹ Praktische Hinweise

Wer sich das Gebiet von Las Ajaches nördlich der Papagayo-Strände zu Fuß erschließen möchte, sollte sich die kleine Faltbroschüre ›Senderismo turístico en Los Ajaches‹ im Rathaus von Yaiza besorgen. Darin sind sieben Wanderwege zwischen dem Ort Femés und der Playa de la Casa sowie der Playa Quemada beschrieben.

Restaurant

Kiosko Las Arenas, Playa Papagayo 9, Tel. 928 80 99 64, Mobil 629 88 74 58. Luftiges Lokal zwischen zwei Stränden, kleine Speisen und Drinks (tgl. 11–19/21 Uhr).

33 Femés

 Winziges Nest in herrlicher Aussichtslage über dem Rubicón mit einer bedeutenden kleinen Kirche.

Weil die Kirche San Marcial de Rubicón [s. S. 115] so nah am Meer vor den häufigen Piratenüberfällen nicht zu schützen war, wurde sie 360 m höher neu aufgebaut. Um das Gotteshaus herum wuchs ein kleines, heute sehr gepflegtes Dorf heran, dessen Bewohner lange Zeit von der Ziegenzucht und der Herstellung von Ziegenkäse lebten. Inzwischen finden die Einwohner ihr gutes Auskommen im Tourismus. Denn Femés wird auch als

So fein herausgeputzt wie hier am Dorfplatz hat sich der ganze Ort Femés

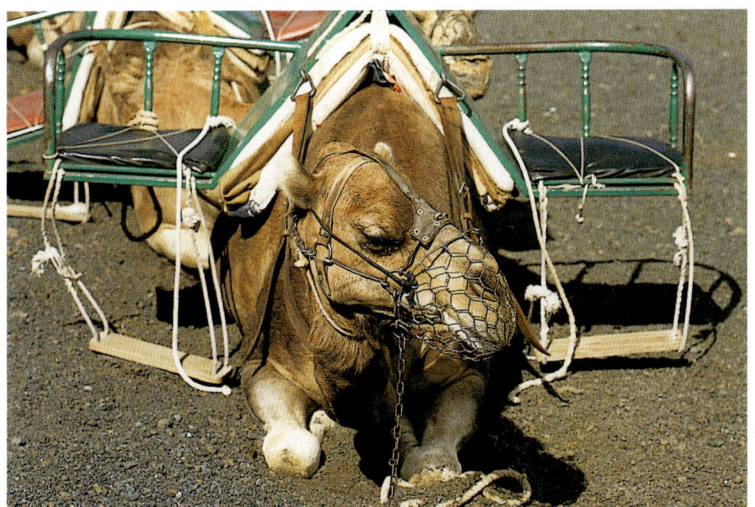

Lanzarotes Dromedare

Die einhöckrigen Dromedare aus der Familie der Kamele, die wahrscheinlich erst im 18. Jh. aus der Sahara nach Lanzarote importiert wurden, waren bald als Helfer der Bauern in der hiesigen **Landwirtschaft** unentbehrlich geworden. Denn diese Tiere haben keinerlei klimatische Anpassungsschwierigkeiten und sind äußerst genügsam. So benötigen sie nur Wildkräuter und trockene Büsche als Nahrung und kommen lange Zeit ohne Wasser aus.

Seit den 1970er-Jahren werden die geduldigen Dromedare vor allem als **Reittiere** genutzt, auf deren Rücken die Touristen gemächlich am Rande der Feuerberge durch die Lavalandschaft geschaukelt werden.

Die straff organisierten Kameltreiber von Uga können in der Regel ganz gut von ihrem Gewerbe leben. Die Nachfrage nach den Höckertieren ist nämlich so groß, dass man sie hier schon lange züchtet.

Balkon des Rubicón bezeichnet, weil es so großartige Ausblicke auf die gesamte Halbinsel bietet.

Wer sich für die Geschichte Lanzarotes interessiert, wird hauptsächlich wegen der kleinen und doch bedeutenden **Iglesia de San Marcial de Rubicón** ins meist windgepeitschte Dorf kommen. Die ansonsten gleißend weiße Wallfahrtskirche schmückt sich mit zwei Eingangsportalen aus rötlichem Vulkanstein. Über lange Zeit vernachlässigt, wurde sie 1733 nach einem Besuch des Bischofs der Kanaren, Don Pedro Manuel D'Avila y Cardenas, neu entdeckt und geweiht. An ihn erinnert eine Steintafel am Südportal. Noch während der Timanfaya-Ausbrüche erwarb man für das Gotteshaus eine neue Statue des *San Marcial*, des Schutzpatrons und ersten Bischofs von Lanzarote, und errichtete bei der Kirche eine Pilgerherberge. Es war

TOP TIPP

der Beginn der kleinen Siedlung Femés.

Sehr harmonisch ist der Raumeindruck des lang gestreckten Kirchenschiffes, dessen Wände mit zahlreichen **Bootsmodellen** verziert sind, welche Fischer ihrem Patron Marcial als Votivgabe für die Errettung aus Seenot überlassen haben. Die Decken des Gotteshauses sind im Mudéjar-Stil gehalten. In der Hauptnische der **Hochaltarwand** steht die bereits erwähnte Statue des Heiligen.

Das **Fest** zu Ehren San Marcials wird am 7. Juli abgehalten. Mehrere Tage dauert die größte religiöse Feier Lanzarotes mit Prozession, Budenzauber sowie Tanz und lauter Musik auf der Plaza [s. S. 131].

Auf der Fahrt von Femés nach Uga sieht man mit ein wenig Glück links und rechts der Straße junge Dromedare grasen. Denn hier, in der Nähe von Las Casitas de Femés, ist die ›Kinderstube‹ der Höckertiere von Uga.

Täglich tragen Dromedare Touristen durch die Lavalandschaft zu den Feuerbergen

ℹ️ Praktische Hinweise

Restaurants

Balcón de Femés, Plaza de San Marcial 9, Femés, Tel. 928 11 36 18. Restaurant mit großer verglaster Veranda, die den Blick auf den Rubicón freigibt und damit dem Namen Balkon von Femés durchaus gerecht wird. Original kanarisch-spanische Gerichte wie Zicklein oder Kaninchen gehören zu den Spezialitäten des Hauses (Di geschl.).

Bar-Restaurant Femés, am Ortseingang, Femés. Das einfache Lokal offeriert kleine, deftige Gerichte und süffigen Wein. Auf dem Platz dahinter kann man im Laden von Käsereibesitzer Reyes Ziegenkäse und Wein kaufen (einfach klingeln).

Casa Emiliano, Calle la Vista 34, Femés, Tel. 928 83 02 23. Das vielleicht hübscheste Lokal des kleinen Dorfes, mit Terrasse. Bäuerliche kanarische Küche, große Portionen (Do geschl.).

34 Uga

Kameltreiber-Dorf mit Lachsräucherei.

Regelrecht afrikanisch mutet das Dorf Uga mit seinen relativ weit verstreuten würfelförmigen Häusern an, zwischen denen sich große, mit Lavagranulat bedeckte Gärten ausbreiten. In ihnen setzen Kakteen und Palmen grüne Farbtupfer, die einen Kontrast zu den weißen Häusern und dem schwarzen Boden bilden. So sieht auch der Garten des Manrique-Schülers *Pedro Tayó* aus, in dessen **Atelier** (Tel. 928 83 04 37) am Ortsrand (Calle Los Arenales 2) seine Werke bewundert werden können. Verkauft werden sie normalerweise nur in Yaiza, in der Galería Yaiza [s. S. 103 f.]. Ursprünglichkeit und Fröhlichkeit spiegeln diese naiven Gemälde mit den zauberhaften Motiven wider.

Mitten in Uga steht die moderne Kirche **San Isidro Labrador**. Bis auf die grüne Holzbalustrade auf dem Dach ist sie blendend weiß gestrichen und wird von einem doppelten offenen Glockenstuhl überragt. Das holzgetäfelte *Innere* ist schlicht, ganz ohne schmückendes Bei-

zwischen den weißen Mäuerchen und der Garten mit roten Geranien, Hibiskus und einem prächtigen Drachenbaum.

Die Hauptattraktion in diesem eher unspektakulären, aber überaus adretten Dorf mit seinen zahlreichen Palmen sind allerdings die **Dromedare**, die hier gezüchtet werden. Treffpunkt der Kameltreiber ist das Bar-Restaurant *Casa Gregorio*. Hier wird man mit lecker zubereiteten lokalen Gerichten verwöhnt – und mit großen Portionen. Wer es hingegen etwas vornehmer liebt, ist am Dorfrand in der *Bodega*, die zur berühmten Lachsräucherei gehört, bestens aufgehoben.

ℹ Praktische Hinweise

Einkaufen

La Ahumaderia, an der LZ 2 Richtung Yaiza links, Tel. 928 83 01 47. Die in einem alten Bauernhof untergebrachte Lachsräucherei wird inzwischen gekonnt von Einheimischen geführt (Di–Fr 10–13.30 und 16–18.30, Sa 10–14 Uhr).

Bar-Restaurants

Bodega de Uga, Ctra. Gral de Uga, s/n, Uga, Tel. 928 83 01 47. Typisches Bauernhaus mit großer Zisterne und kleinem Garten sowie schattiger Terrasse vor dem gemütlichen, hochpreisigen Restaurant (Vorsicht: keine Karte!). Hier werden abends bei Kerzenschein kleine feine Köstlichkeiten – vor allem geräucher-

werk. Mit seinen Stützmauern sieht der Bau von vorne fast wie eine Glocke aus. Liebevoll gepflegt sind die Blumenbeete

In der ›Bodega‹ in Uga werden u.a. Räucherlachs und hervorragende Inselweine kredenzt

ter Lachs – und Lanzarote-Weine kredenzt. Tagsüber auch mit Kleinigkeiten wie Tapas und Salatplatten (Fr–Mi 13–15 und 19–23 Uhr).

TOP TIPP **Casa Gregorio**, Calle La Pardelera 1, Uga, Tel. 928 83 01 08. Das gemütliche Lokal mit seinen zwei holzgetäfelten Räumen, in denen duftende kanarische Gerichte auf den Tisch kommen, ist der Treff der am Nachmittag vom Timanfaya zurückkehrenden Kameltreiber (Di geschl.).

35 Playa Quemada

Dieser lange schwarze Strand ist ein beliebtes Wochenendausflugsziel der Lanzaroteños.

Etwa 2,5 km hinter Uga biegt die LZ 708 in Richtung Süden ab und erreicht nach weiteren 4 km die Playa Quemada. Sie liegt am Ende des Naturschutzgebietes um Los Ajaches [s. S. 112] und ist der einzige Strand von Bedeutung, der in dieser Region gut mit dem Auto zu erreichen ist, wenn auch nicht der schönste.

Im einstigen Fischerort, der von seinen Bewohnern praktisch aufgegeben wurde, findet man heute fast nur noch Ferienhäuser und ein paar einfache Fischkneipen, die am Wochenende gut besucht sind, an den anderen Tagen jedoch ein Paradies für Ruhe suchende Genießer. Fast immer sitzt man herrlich luftig auf einer der Terrassen und blickt aufs Meer, das rechter Hand von den meist steil abfallenden Hängen des Ajaches-Massivs begrenzt wird. Draußen vor den Buchten schippern die Boote vorbei, hin und wieder spaziert man an den langen schwarzen Kieselstrand, um dort ein Sonnenbad zu nehmen. Diesen Freizeitspaß genießen auch die Einheimischen, die an Wochenenden den Strand bevölkern.

Hinter dem ersten Felsvorsprung trifft man dann auf eine bei ›wilden‹ Campern beliebte kleine Bucht mit schwarzem Sand. Vom Ort aus ist sie bei Ebbe zu Fuß oder bei Flut über einen oben entlangführenden Trampelpfad zu erreichen.

ℹ Praktische Hinweise

Restaurant
7 Islas, Avenida Maritima 4, Playa Quemada, Tel. 928 17 32 49. Einfaches Terrassen-Restaurant, in dem Fischliebhaber auf ihre Kosten kommen.

36 Puerto Calero

Jachthafen der Superlative mit gutem Restaurant- und Wassersportangebot.

José Calero Rodriguez, ein wohlhabender Mann und leidenschaftlicher Segler, hat sich hier, nur 3 km südlich der LZ 2 und nahe dem Touristenzentrum Puerto del Carmen, einen Traum erfüllt und auf seiner Heimatinsel einen Ort der Begegnung in frischer Meeresluft geschaffen. Für die Pläne von Puerto Calero zeichnete ein langjähriger Freund César Manriques, der Designer und Architekt *Luis Ibañez*, verantwortlich, der hier alles in maritimem Weiß und Blau hielt.

420 Anlegeplätze für Jachten jeder Größe bietet der durch eine Mole geschützte **Hafen**. Mit der ausladenden, stilvoll ausgestatteten Terrasse des Jachtklubs beginnt hier auch der Reigen der oft preislich gehobenen Klasse der **Restaurants**, in denen man sich kulinarisch verwöhnen lassen kann.

Puerto Calero hat sich zudem als Austragungsort wichtiger nationaler und internationaler Segelregatten etabliert. Eine große Attraktion ist das gelbe **U-Boot Sub Fun 3** (s. u.), mit dem man unweit der Küste auf Tauchgang gehen kann.

ℹ Praktische Hinweise

Wassersport
Catlanza, Local Nr. 1, Puerto Calero, Tel. 928 51 30 22, www.catlanza.com. Katamaransegeln mit kostenloser Benutzung von Jetski und Schnorchelausrüstung. Auch Hochseefischen mit kleineren Booten ist möglich.

U-Boot-Ausflüge
Submarine Safaris, Puerto Calero, Tel. 928 51 28 98, www.submarinesafaris.com. Hier werden tgl. um 10, 11, 12 und 14 Uhr Tauchgänge mit dem U-Boot *Sub Fun 3* vor dem Hafen von Puerto Calero bis in 30 m Tiefe angeboten. Durch große Panoramafenster kann man eine recht abwechslungsreiche Unterwasserwelt beobachten – Schiffswrack inbegriffen.

Hotel
*****Hesperia Lanzarote**, Puerto Calero, Tel. 828 08 08 00, www.hesperia.es. Luxuriöse, ruhig über der Felsenküste liegende Anlage, 300 m auf der Uferpromenade

Mit dem U-Boot die Unterwasserwelt vor Puerto Calero – inklusive Taucher – erkunden

zum Hafen von Puerto Calero. Kleiner Steinstrand (Badeschuhe empfohlen), 4 Pools, Spa- und Wellness-Center, 3 Restaurants.

Restaurants

TOP TIPP **Amura**, Puerto Calero, Tel. 928 51 31 81, www.restaurante amura.com. Elegant eingerichtetes, hochpreisiges Spitzenrestaurant mit großer Terrasse. Die Spezialität ist Milchspanferkel (ab 12 Uhr bis nachts durchgehend; mittags preiswertere Menüs).

La Pappardella, Paseo Marítimo, Puerto Calero, Tel. 928 51 29 11. Das Ristorante mit italienischem Ambiente bietet Pasta, Pizza und hausgemachte Süßspeisen.

37 Puerto del Carmen

Eine lebhafte Urlaubsstadt mit breiten Sandstränden am sauberen Meer.

Aus dem in den 1970er-Jahren noch ganz verträumten Fischerdörfchen *La Tiñosa* ist inzwischen das bedeutendste und größte Ferienzentrum Lanzarotes geworden. Unzählige Hotels und Apartments, Pensionen und Ferienhäuser warten mit mehr als 30 000 Betten auf Gäste insbesondere aus Deutschland, Großbritannien und Skandinavien, die sich das ganze Jahr über am fast 8 km langen Strandboulevard tummeln.

Mit seinen teilweise noch im alten kanarischen Stil erhaltenen Häusern am einstigen **Fischereihafen** wirkt das alte Puerto del Carmen am westlichen Rande des Urlaubszentrums noch recht ursprünglich. Heute legen hier allerdings eher Ausflugsschiffe als Fischerboote an. 2009 wurde der alte Hafen vollständig umgebaut und bekam außerdem eine über die Klippen führende Anbindung an den moderneren Teil von Puerto del Carmen. An dieser neuen Meerespromenade liegt Bar an Bar und Restaurant an Restaurant.

Etwas erhöht oberhalb des Hafens entdeckt man in einer Seitengasse die sehr schmale Kirche **Nuestra Señora del Carmen** mit spitzem Satteldach, in der auch ökumenische Messen stattfinden. So sieht man hier an Sonn- und Feiertagen neben alten Fischersfrauen mit zerfurchten Gesichtern auch viele braungebrannte ausländische Gäste.

Besonders lebhaft geht es am Sonntag im Hafen von Puerto del Carmen zu. Schon früh duftet es nach frisch gebratenem Fisch. Denn an diesem Tag haben die Einheimischen Zeit hinauszufahren. Und wenn sie zurückkehren, verkaufen sie ihren Fang gleich an der Mole. Anschließend begibt man sich in die frühere Fischhalle **La Lonja** direkt im Scheitelpunkt des Hafens und trinkt in aller Ruhe einen spanischen Brandy, vielleicht begleitet von ein paar Tapas. Werktags kann man im rechten Teil der Markthalle frischen Fisch kaufen.

Über dem Hafen und den schwarzen Lavafelsen der Steilküste erblickt man kleine weiße Villen und Reihenhäuser, die einen fantastischen Blick auf die Küste bieten. Hier steigt die Straße steil nach Norden an und wird flankiert von zahlreichen Hotels und Apartmentanlagen, Geschäften, Reisebüros und vor allem Supermärkten. Busstation und Postamt befinden sich ebenfalls im oberen Bereich.

Spätabends öffnen rings um den Hafen einige Nachtlokale ihre Pforten, die meisten jedoch gibt es im Urlaubszentrum entlang der Strandpromenade **Avenida de las Playas**. Irische oder englische Pubs, typisch spanische Bars, deutsche und skandinavische Lokale häufen sich, je weiter man sich nach Osten begibt. Eine fast 8 km lange Hotel- und Clubanlagen-, Restaurant- und Vergnügungs-Meile zieht sich hin bis in die neueren Vororte der Playa de los Pocillos und der Playa de Matagorda und erreicht mittlerweile sogar den Flughafen. Für ruhebedürftige Urlauber bieten die Hotels an der Strandpromenade nicht gerade die idealen Unterkünfte, eher schon jene, die in zweiter und dritter Reihe stehen.

Drei schöne **Strände** von insgesamt 4 km Länge sind das große Kapital von Puerto del Carmen. Vom Fischerhafen aus gesehen stößt man zuerst auf die **Playa Grande**. Mitten im Zentrum gehört sie mit ihren dekorativen schwarzen Felswänden immer noch zu den beliebtesten Stränden der Urlaubsstadt. Nach einem etwa 2 km langen, hellen Sandstrand mit bunten Sonnenschirmen und Liegen folgt ein Stück Felsenküste. Um die **Punta El Barranquillo** herum beginnen schließlich beim Hotel San Antonio die Strände: die lange **Playa de los Pocillos**, die sich bei Flut teilweise in eine Lagune verwandelt, und die kürzere **Playa de Matagorda** – beide mit feinem Sand und gleichnamigen Urbanisationen aus lauter Hotels und Clubanlagen. Deren Architektur integriert meist inseltypische Elemente wie blaue oder grüne Holzbalkone, Turmaufsätze und Holzgeländer.

Zwischen der Playa de los Pocillos und der Playa de Matagorda kommen Surfer voll auf ihre Kosten, denn am kleinen Kap mit den **Piedras de Cima** ist guter Wind fast immer garantiert.

Blick auf die weiß leuchtende Urlaubsstadt Puerto del Carmen

Stimmungsvolles Restaurant: Casa Roja am Hafen von Puerto del Carmen

Ausflug

3 km nördlich von Puerto del Carmen liegt die Verwaltungsgemeinde **Tías**. Das reiche Städtchen zieht sich an der breiten *Avenida Central* entlang, die Hibiskusbüsche und Palmen schmücken. In Tías kann man weitaus günstiger einkaufen als in Puerto del Carmen.

Sehenswert in der Ortsmitte ist die hübsche aufgelassene Kirche *San Antonio,* die früher als Cilla, als Pfandleihhaus, diente. Der weiße, mit schwarzen Lavasteinen abgesetzte Bau stammt aus dem 17. Jh. Hier finden jetzt Kunstausstellungen statt.

Das ehemalige Haus des portugiesischen Literatur-Nobelpreisträgers José Saramago (1922–2010) wurde ausgebaut zum Kulturzentrum *A Casa* (Calle Los Topes 3, Tel. 928 83 30 53, www.acasajosesaramago.com, Mo–Sa 10–14.30 Uhr alle 30 Min. Führungen). Zu sehen sind Wohnräume und die Bibliothek des Schriftstellers, der die letzten 18 Jahre seines Lebens vor allem auf Lanzarote verbrachte.

ℹ Praktische Hinweise

Information

Oficina de Turismo de Puerto del Carmen, Avenida de las Playas, s/n, Puerto del Carmen, Tel. 928 51 33 51, www.ayuntamientodetias.es, Mo–Fr 10–14 und 18–20 Uhr

Busverbindungen

Die Buslinie 2 pendelt zwischen Puerto del Carmen und der Hauptstadt Arrecife. Abfahrtszeiten: Puerto del Carmen 7–24 Uhr, Arrecife 6.20–23.15 Uhr je nach Tageszeit alle 30 Min. bis 1 Std. Die Busstation in Puerto del Carmen befindet sich neben der Post an der Calle Juan Carlos I. Richtung Tías.

Tauchen

Lanzarote Dive Centre, C.C. Aquarium, Local 116, Avenida de las Playas, Puerto del Carmen, Tel. 928 51 42 90. Vielfältiges Angebot an PADI- und SSI-Tauchkursen, auch für Kinder, außerdem geführte Schnorcheltouren (2–3 Std.)

Safari Diving Lanzarote, Playa de la Barilla 4 (Playa Chica), Puerto del Carmen, Tel. 928 51 19 92, www.safaridiving.com. Tauchzentrum mit internationalem Team.

Nachtleben

Zentrum des Nachtlebens von Puerto del Carmen ist die **Avenida de las Playas** und dort vor allem das **Centro**

Auch auf Lanzarote findet man herrliche Sandstrände wie hier in Puerto del Carmen

Comercial Atlántico mit etlichen Musikbars und Diskotheken. Eine Institution seit über 30 Jahren ist *Charlie's Bar* (http://charlieslanzarote.com). Auch das einzige Spielcasino der Insel ist hier zu finden: Casino de Lanzarote [s. S. 132].

Hotels

Die Auswahl an guten Hotels aller Kategorien ist riesig. Besonders beliebt sind Clubanlagen bzw. Aparthotels, in denen man sich selbst versorgen, aber auch Restaurants aufsuchen kann. Große, dennoch schöne Anlagen findet man fast durchweg an der Playa de los Pocillos bzw. oberhalb des Strandboulevards. Die meisten Urlauber buchen Hotel, Flug und Transfer über Reiseveranstalter. Wer selbstständig buchen möchte, muss in der Regel mit höheren Preisen rechnen. Nachfolgend einige Empfehlungen:

****ClubHotel RIU Paraiso Lanzarote Resort**, Playa de los Pocillos, Puerto del Carmen, Tel. 928 51 24 00, www.riu.com. All Inclusive-Hotel mit komfortabler Ausstattung, mehreren Restaurants, Disco, 4 Pools, 2 Kinderbecken und Miniclub. Zum Sport- und Wellnessangebot zählen Tennis, Beachvolleyball, ein Fitnessraum, Gesundheits- und Schönheitscenter.

****La Geria**, Playa de los Pocillos, Puerto del Carmen, Tel. 928 51 04 41, www.hipotel.com. Freundlicher Hotelkomplex vis-à-vis vom Strand mit Poollandschaft in herrlichem Garten.

TOP TIPP ****Seaside Hotel Los Jameos Playa**, Playa de los Pocillos, Puerto del Carmen, Tel. 928 51 17 17, www.los-jameos-playa.de. Luxuriöse Hotelanlage, die sich um zwei Pools gruppiert. Mit Fitnessraum und Tennisplätzen. Abendunterhaltung mit täglich wechselndem Programm. Sehr gute Küche, besonders der abends servierte frische Fisch ist zu empfehlen.

***Apartamentos Barcarola Club**, Avda. de las Playas 53, Puerto del Carmen, Tel. 928 51 07 50, www.barcarolaclub.com. Aus mehreren Gebäuden bestehende einfachere, aber sehr gut geführte Anlage mit gepflegtem Garten an der Durchgangsstraße zwischen der Playa de los Pocillos und der Playa Grande. Entfernung zum Strand und den Einkaufsmöglichkeiten etwa 500 m.

***Lanzaplaya**, Calle Mexico 2, Puerto del Carmen, Tel. 928 51 01 61, www.relaxia.net. Ausgedehnter Komplex oberhalb der Playa Grande mit 2 Pools, einem Kinderbecken, Spielplatz und Miniclub. Restaurant und mehrere Bars.

Restaurants

Casa Roja, Avenida El Varadero s/n, Puerto del Carmen, Tel. 928 51 58 66, www.casarojalanzarote.com.

Ideale Lage direkt über dem Hafen von Puerto del Carmen in einem historischen Gebäude von 1850. Auf der Terrasse mit Blick auf den Fischerhafen sitzt man besonders schön. Serviert werden Fisch- und Fleischgerichte, meist nach kanarischen Rezepten, aber auch einige international beliebte Spezialitäten wie Filet Stroganoff.

La Lonja, Calle Varadero s/n, Puerto del Carmen, Tel. 928 51 13 77. Bar-Restaurant in der früheren Fischhalle, in dem stets frischer Fisch serviert wird. Besonders zu empfehlen ist die lange Tapas-Bar mit einer grandiosen Auswahl. Auch Fischverkauf (tgl. 8–24 Uhr).

Puerto Bahia, Avenida del Varadero 5, Puerto del Carmen, Tel. 928 51 37 93. Das Interieur ist in maritimem Blau-Weiß gehalten, von der Klippe hat man einen tollen Meerblick. Serviert wird gute kanarische Küche – Fisch, Grillgerichte, Paella.

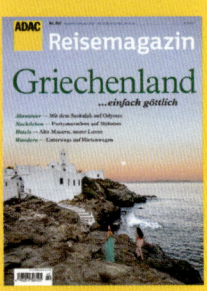

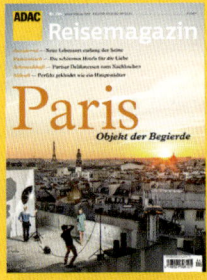

Lanzarote aktuell A bis Z

■ Vor Reiseantritt

ADAC Info Service
Tel. 0800 5 10 11 12 (gebührenfrei)

Unter dieser Nummer oder bei den ADAC Geschäftsstellen können ADAC Mitglieder kostenlos umfangreiches Informations- und Kartenmaterial anfordern.

ADAC im Internet:
www.adac.de
www.adac.de/reisefuehrer

Lanzarote im Internet:
www.turismolanzarote.com
www.centrosturisticos.com
www.lanzarote37.net

Spanisches Fremdenverkehrsamt:
www.spain.info

Deutschland
Lietzenburger Str. 99, 10707 Berlin,
Tel. 030/882 65 43, berlin@tourspain.es

Myliusstr. 14, 60323 Frankfurt/M.,
Tel. 069/72 50 33, frankfurt@tourspain.es

Postfach 15 19 40, 80051 München,
Tel. 089/53074 611, munich@tourspain.es

Österreich
Walfischgasse 8/14, 1010 Wien,
Tel. 1/512 95 80 11, viena@tourspain.es

Schweiz
Seefeldstr. 19, 8008 Zürich,
Tel. 04 42 53 60 50, zurich@tourspain.es

■ Allgemeine Informationen

Reisedokumente

Personalausweis oder Reisepass, Kinder und Jugendliche unter 16 Jahren benötigen einen eigenen Reisepass.

Kfz-Papiere

Führerschein und Zulassungsbescheinigung Teil 1 (vormals Fahrzeugschein) sind mitzuführen. Die Mitnahme der Internationalen Grünen Versicherungskarte wird empfohlen.

Krankenversicherung und Impfungen

Die Europäische Krankenversicherungskarte ist in die übliche Versicherungskarte integriert. Sie wird in ganz EU-Europa anerkannt und garantiert die medizinische (Erst-)Versorgung. Zusätzlich empfiehlt sich jedoch der Abschluss einer Reisekranken- und Rückholversicherung.

Hund und Katze

Für Hund und Katze ist bei Reisen innerhalb der EU ein gültiger, vom Tierarzt ausgestellter EU Heimtierausweis vorgeschrieben, ebenso Kennzeichnung durch Mikrochip oder Tätowierung. Potenziell gefährliche Hunde müssen mit Maulkorb an der Leine geführt werden.

Geld

Die gängigen Kreditkarten werden in Banken, Hotels und zahlreichen Geschäften akzeptiert. An EC-/Maestro-Geldautomaten kann man rund um die Uhr Bargeld abheben.

Zollbestimmungen

Die Kanarischen Inseln und somit auch Lanzarote sind trotz Anschluss an die EU Freihandelszone. Duty-free-Shops sind meist nicht günstiger als normale Geschäfte. Für die Rückreise gelten die Richtlinien für Nicht-EU-Länder, d. h. Personen ab 17 Jahren dürfen zollfrei mitführen: 200 Zigaretten oder 100 Zigarillos oder 50 Zigarren oder 250 g Tabak, 1 l Spirituosen über 22 % oder 2 l Spirituosen unter 22 %, andere Waren bei Flugeinreise in die EU bis zu 430 € Gesamtwert. Infos: www.zoll.de.

Bei Einreise in die Schweiz bleiben zollfrei: 250 Zigaretten/Zigarren oder 250 g andere Tabakfabrikate, 5 l alkoholische Getränke bis 18% Vol. und 1 l alkoholische Getränke über 18% Vol. (für Pers. ab 17 Jahren), andere Waren bis zu einem Gesamtwert von 300 CHF (bei Einreise von der Schweiz in die EU 300 €, für Flugreisende 430 €).
Infos: www.ezv.admin.ch

Gute Fährverbindungen gibt es zwischen den Kanareninseln Lanzarote und Fuerteventura

Tourismusämter

Aeropuerto de Lanzarote Guacimeta, Terminal T1, Planta 0, Vestíbulo de llegadas, s/n, San Bartolomé, Tel. 928 82 07 04, aeropuerto@turismolanzarote.com

Patronato de Turismo de Lanzarote, Calle Triana 38, Arrecife, Tel. 928 81 17 62, www.turismolanzarote.com

---

Service und Notruf

Notruf
Tel./Mobil: 112 (EU-weit:
Polizei, Unfallrettung, Feuerwehr)

ADAC Info Service
Tel. 0800 5 10 11 12
(Mo–Sa 8–20 Uhr)

ADAC Pannenhilfe Deutschland
Tel. 0180 2 22 22 22 (dt. Festnetz 6 ct/
Anruf; dt. Mobilfunk max. 42 ct/Min.),
Mobil-Kurzwahl: 22 22 22
(Verbindungskosten je nach
Netzbetreiber/Provider)

Hilfe an Notrufsäulen
Unbedingt den ADAC verlangen

ADAC Notruf aus dem Ausland
Tel. +49 89 22 22 22

ADAC Ambulanzdienst München
Tel. +49 89 76 76 76

ÖAMTC Schutzbrief-Notfhilfe
Tel. +43 1 25 120 00, www.oeamtc.at

Einsatzzentrale TCS-ETI-Schutzbrief Tel. +41 5 88 27 22 20, www.tcs.ch

**Pannenhilfe des Real Automóvil
Club de España (RACE):**
Tel. 915 93 33 33

Weitere Tourismusbüros bei den Ortsbeschreibungen unter Praktische Hinweise.

Ärztliche Versorgung

Ärztlicher Notruf: Tel. 112

Hospital General de Lanzarote, Arrecife: Tel. 928 59 50 00

Diplomatische Vertretungen

Deutsches Konsulat (für Gran Canaria, Lanzarote und Fuerteventura), Calle Albareda 3–2°, 35007 Las Palmas de Gran Canaria, Tel. 928 49 18 80, Mo–Fr 9–12 Uhr, in dringenden Notfällen Mobil-Tel. 659 51 76 00, www.laspalmas.diplo.de

Österreichisches Konsulat, Hotel Escorial, Avda. de Italia 6, 35100 Playa del Ingles/Las Palmas de Gran Canaria, Tel. 928 76 13 50, www.bmeia.gv.at (Mo–Fr 10–13 Uhr)

Schweizer Konsulat, Konsularcenter Madrid, Centro Consular Regional de Madrid, c/o Embajada de Suiza, Calle de Núñez de Balboa 35 A, 7°, Edificio Goya, 28001 Madrid, Tel. 914 36 39 60, www.eda.admin.ch/madrid

Besondere Verkehrsbestimmungen

Tempolimits (in km/h): Für Pkw, Motorräder und Wohnmobile bis 3,5 t gilt innerorts 50. Für Pkw und Motorräder gilt außerorts 90, auf Straßen mit mehr als einer Fahrspur in jeder Richtung 100, auf Autobahnen 120. Für Pkw mit Anhänger gilt außerorts 70, auf Schnellstraßen und Autobahnen 80. Wohnmobile bis 3,5 t dürfen außerorts max. 80 fahren, 90 auf Schnellstraßen und auf Autobahnen 100.

Überholverbot besteht 100 m vor Kuppen sowie auf Straßen, die nicht mindestens 200 m zu überblicken sind.

Im Falle einer Panne oder eines Unfalls außerhalb einer geschlossenen Ortschaft muss beim Verlassen des Wagens eine reflektierende *Warnweste* getragen werden. *Abschleppen* durch Privatfahrzeuge ist verboten. *Telefonieren* während der Fahrt ist nur mit einer Freisprecheinrichtung erlaubt. Grundsätzlich gilt die **Anschnallpflicht**, für Moped- und Motorradfahrten besteht **Sturzhelmpflicht**.

Die **Promillegrenze** liegt bei 0,5.

Gelbe Linien am Straßenrand bedeuten *Parkverbot*, blaue Linien eine *zeitliche Beschränkung* des Parkens (Parkuhr).

Zeit

Der Zeitunterschied zwischen den Kanarischen Inseln und der MEZ beträgt sommers wie winters minus 1 Stunde.

Anreise

Flugzeug

Aeropuerto de Lanzarote, Apdo. Correos 86 , Arrecife, Tel. 902 40 47 04, www.aena-aeropuertos.es

Charterflüge von Mitteleuropa aus werden ganzjährig z.B. von Air Berlin, Condor und TUIfly angeboten. Die Flugzeit ab Frankfurt/Main beträgt rund 4 Std.

Linienflüge: Mit Zwischenstopp in Madrid bzw. Barcelona fliegt Iberia täglich ab Frankfurt, Berlin, München, Düsseldorf und Hamburg nach Lanzarote.

Designermäßig durchgestylt – Lanzarotes Telefonzellen sind ein echter Blickfang

Von Lanzarote aus gibt es täglich mehrere Flüge mit Binter Canarias nach Gran Canaria (Flugzeit 45 Min.) und Teneriffa (Flugzeit 50 Min.). Für einen Besuch der kleinen westlichen Inseln muss man auf Gran Canaria oder Teneriffa umsteigen.

Es gelten folgende **Sicherheitsbestimmungen**: Flüssigkeiten im Handgepäck dürfen pro Flasche 100 ml nicht überschreiten und müssen in einem max. 1 l fassenden, transparenten Plastikbeutel vorgezeigt werden. Höchstmaße für das Handgepäck: 22 x 33 x 44 cm.

Anbindung Arrecife: Der Flughafenbus 22 fährt Mo–Fr 7–22.40 Uhr, Abfahrt ca. alle 25 Min., Fahrzeit 10 Min., die Buslinie 23 fährt Sa/So 7–21 Uhr, Abfahrt ca. alle 50 Min., Fahrzeit 10 Min. Info: Tel. 928 81 15 22, www.intercitybuslanzarote.es

Von dort verkehren Linienbusse (*Guaguas*) in alle wichtigen Orte. Am Flughafen stehen auch ausreichend Taxis (Festpreise bzw. Taxameter) zur Verfügung.

Schiff

Eine Anreise mit Schiff plus Pkw nach Lanzarote ist von Cadiz aus möglich. Die Fährverbindung wird von **Trasmediterránea** (Tel. 902 45 46 45, www.trasmedi terranea.es) betrieben. Für Informationen und Buchungen wende man sich an die Vertretungen in Deutschland: **AFerry** (Tel. 089 81 89 83 00, www.aferry.de) oder **Voigt Seereisen** (Tel. 0451 505 61 70, www. seereisen-agentur.de).

Von Arrecife aus verkehrt mehrmals wöchentlich eine Fähre der Reederei **Naviera Armas** (www.navieraarmas.com) nach Santa Cruz de Teneriffa und Las Palmas de Gran Canaria.

Für einen Ausflug nach Fuerteventura (Corralejo) gibt es gute **Fährverbindungen** (Naviera Armas, www.navieraarmas. com sowie Lineas Fred Olsen, www.fred olsen.es) von Playa Blanca im Süden von Lanzarote. Wer das Mietauto mitnimmt, sollte vor der Fahrt unbedingt den Vertrag von der Leihfirma abstempeln lassen, damit der Versicherungsschutz auch für die Nachbarinsel gilt.

Bank, Post, Telefon

Bank

Die Banken sind im Allgemeinen Mo–Fr 9–14 Uhr geöffnet. An den Geldautomaten der Banken kann man rund um die Uhr Bargeld abheben.

Post

Postämter haben im Allgemeinen Mo–Fr 9–14.30, Sa 9.30–13, in Arrecife Mo–Fr 9–20, Sa 9.30–13 Uhr geöffnet.

Briefe und Postkarten auf das europäische Festland sind meist länger als eine Woche unterwegs. Briefmarken (*Sellos*) bekommt man bei der Post, in Tabakläden (*Estancos*), beim Kauf von Postkarten am Kiosk und manchmal auch an der Hotelrezeption.

Die Briefkästen (*Buzón*) sind gelb lackiert mit einem gekrönten roten Posthorn.

Telefon

Internationale Vorwahlen
Spanien 00 34
Deutschland 00 49
Österreich 00 43
Schweiz 00 41

Die frühere Inselvorwahl für Lanzarote **928** ist fester Bestandteil der Telefonnummern und muss immer mitgewählt werden, auch innerorts.

Die Benutzung handelsüblicher **Mobiltelefone** ist auf den Kanaren möglich. Man sollte sich jedoch vor Reiseantritt über das günstigste Netz vor Ort informieren und das eigene Mobiltelefon entsprechend programmieren.

Telefonzellen (*Cabina telefónica*) auf Lanzarote akzeptieren sowohl Bargeld als auch **Telefonkarten** (*Tarjeta telefónica*). Diese sind für sechs oder zwölf Euro bei der Telefongesellschaft Telefónica sowie an Automaten, in Tabakläden und Bars erhältlich.

■ Einkaufen

Öffnungszeiten

Im Allgemeinen sind Geschäfte Mo–Fr 9–13 und 17–20, Sa 9–13 Uhr geöffnet. In den Urlaubszentren bieten zahlreiche Läden durchgehende Öffnungszeiten.

Souvenirs

Der bedeutendste **Markt** (*Mercadillo*) Lanzarotes ist der Sonntagsmarkt in Teguise, der inzwischen fast das ganze historische Zentrum des Städtchens einnimmt. Massenware überwiegt, doch findet man immer auch einheimische Produkte und Kunsthandwerk. Kunst-

Puchero canario oder Cazuela de pescado – Kulinarische Fragen

Die Küche Lanzarotes ist recht abwechslungsreich. Sie basiert auf bäuerlicher altkanarischer Tradition, wurde aber auch durch Essensgewohnheiten jener Nationen beeinflusst, deren Schiffe auf der Insel Zwischenstation zu machen pflegten.

Wie auf den anderen Kanarischen Inseln auch wird hier viel frisches Gemüse verwendet, vor allem beim fantasiereichen **Puchero canario**, ohne den der Speiseplan unvollkommen wäre. Es handelt sich um einen Eintopf aus Kichererbsen, Karotten, Zwiebeln, Stachelgurken (Chayotefrucht), grünen Bohnen, Kartoffeln, Süßkartoffeln (Bataten), Kürbis, Bubangos (den Zucchini ähnlich), Mais und Kohl. Hinzu kommt Rind-, Hammel-, Schweinefleisch oder Huhn, und als Würze dient eine pikante Blut- und Paprikawurst (z.B. Chorizo), seltener Speck oder Rippe. Auf keinen Fall fehlen dürfen Knoblauch, Safran, Kreuzkümmel oder Petersilie. Begleitet wird der Puchero vom unentbehrlichen **Gofio**, Mehl aus geröstetem und gemahlenem Weizen und Mais. Oft kommt der Eintopf auch mit **Mojo**, einer scharfen Paprikasoße, oder mit **Mojo verde** bzw. **Cilantro**, Soße mit Korianderkraut, auf den Tisch.

Eine ganz wichtige Rolle im täglichen Speiseplan spielen die **Kartoffeln** (*Papas*). Etwa 30 Sorten soll es insgesamt auf den Kanarischen Inseln geben. Für die meisten Köche sind aber nur zwei von Bedeutung: die **Bonita** und die **Negra** (die ›Schöne‹ und die ›Schwarze‹). **Papas arrugadas**, schwarze und kleine Runzelkartoffeln mit einer Salzkruste, kennt inzwischen wohl jeder Kanaren-Urlauber. Sie werden in Mojo eingetaucht und mit der Schale gegessen.

handwerk von der Insel wie Keramik, Korbflecht- oder Spitzenarbeiten gibt es auch im Kunsthandwerkszentrum in Haría und in den kleinen *Tiendas* am Hauptplatz von Teguise. Ein Mitbringsel ist auch der grüne **Olivin-Schmuck**, dessen Steine allerdings aus Asien und Südamerika stammen.

Ein Leckerbissen für Augen und Gaumen sind diese Köstlichkeiten aus dem Meer

Bei den rustikalen **Fleischgerichten** dominieren **Cabrito** (Zicklein) und **Cordero** (Lamm), immer reichlich mit Knoblauch gewürzt. Für die Schärfe sorgen Pfeffer und Paprika, grobes Meersalz darf nicht fehlen, an Kräutern werden Koriander, Thymian und Oregano bevorzugt.

Auf dem Land wird man in den Lokalen häufig Gebratenes bzw. Geröstetes oder Gegrilltes bekommen, seien es Schweine- oder Rindersteaks, Hähnchen, Koteletts, Zicklein, Lamm oder Kaninchen – oder eine Art Gulasch. Menükarten gibt es selten, der Wirt informiert über das Angebot.

An den Küsten Lanzarotes bestimmen **Pescado** (Fisch) und **Mariscos** (Meeresfrüchte) die Küche. Besonders lecker schmecken etwa **Bacalao** (Stockfisch) mit Salzkartoffeln oder die kross gebratene und mit Knoblauch und Mojo verde servierte **Vieja** aus der Familie der Papageifische. Eine Köstlichkeit ist fast jeder frische Fisch, sei er nur kurz gebraten (*a la plancha*) oder in Öl ausgebacken (*frito*) – da braucht man kaum noch Gewürze und Kräuter. Gerne wird eine Platte mit diversen Fischen angeboten (*Frito misto*), aber eher selten aus Frischfisch.

Aufwendiger zuzubereiten und daher teurer ist die wunderbare **Cazuela de pescado**. Dieser Fischtopf wird in der einfachen Küche aus Kopf und Schwanz eines großen Fisches zubereitet und in einem Sud aus Zwiebeln, frischen Tomaten, Paprika, Olivenöl und Weißwein gekocht. Feinere Rezepte verlangen noch Scheiben von Brasse, Barsch und Kabeljau. **Caldo de pescado** heißt eine dünnere, doch sehr schmackhafte Fischsuppe.

Hervorragend ist der meist aus Ziegenmilch hergestellte **Käse** Lanzarotes.

Zum Essen sollte man einen kanarischen **Wein** bestellen. Am besten sind die Tropfen aus der Gegend um La Geria wie etwa der berühmte ›El Grifo‹. **Bier** gibt es natürlich auch. Keine Marke dieser Welt scheint auf der touristisch geprägten Insel zu fehlen.

Den **Nachtisch** haben die Einheimischen gerne sehr süß. Eine besondere Spezialität, bestehend aus Mandelmus und cremigem Honig, ist **Bienmesabe**. Darüber hinaus kann man sich mit **Turrón**, einer Art Nougat, oder **Flan**, Vanillepudding mit Karamell, sowie frischem Obst und Eiscreme verwöhnen.

Auch **Kulinarisches** wird gern erstanden, beispielsweise Ziegenkäse, Gofio, das geröstete Mehl, und die scharfe Soße Mojo, mit Paprika (rot) oder mit Korianderkraut (grün). All diese inseltypischen Köstlichkeiten erhält man in den Supermärkten von Puerto del Carmen, Costa Teguise und natürlich in Arrecife, ebenso wie die hervorragenden **Lanzarote-Weine**, die man ebenso in den Bodegas an der Straße Uga – Mozaga erstehen kann.

In den zahlreichen Galerien Lanzarotes finden **Kunstliebhaber** sicher eine Zeichnung, ein Aquarell oder ein Gemälde, das ihnen zusagt und sie an ihren Aufenthalt auf der Insel erinnern wird.

Preisgünstig zu erwerben ist auch **Kleidung**, **Jeans** und **Schuhe**. **Zigaretten**, **Spirituosen** und **Parfüm** gibt es im Supermarkt wesentlich günstiger als am Flughafen.

Essen und Trinken

Was heißt das?

Deftige Hausmannskost wird auf Lanzarote mit dem Schild **Comidas Caseras** angekündigt. **Piscolabis** sind hier die kalten und warmen Kleinigkeiten wie Tapas und belegte Brötchen.

In einer **Casa de Comidas** gibt es etwas zu essen, auch wenn es manchmal nicht so aussieht, weil sich das eigentliche Lokal in einem Hinterzimmer befindet. Etwas feiner ausgestattet ist normalerweise ein **Comedor**, was Ess- oder Speiseraum bedeutet.

Essgewohnheiten der Lanzaroteños

Zum Frühstück trinken die Einheimischen in der nächsten **Bar** einen **Café**, der wie ein Espresso aussieht und häufig in einem kleinen Glas serviert wird. Mit ein wenig Milchschaum obendrauf wird er zum **Café cortado**, also einem ›gekürzten‹, mit einem Schuss Cognac zu einem **Carajillo**.

Mittags und abends bieten Restaurants aller Kategorien mehrgängige Menüs an. Gut besucht vor allem zur Mittagszeit sind darüber hinaus die **Tapas-Bars**. Hier gibt es praktisch alles in winzigen Portionen (*Tapas*), als **Media ración**, halbe Portion, oder als **Ración** auf einem großen Teller. Die riesige Auswahl reicht von der warmen Tortilla – einer Art Quiche aus Kartoffeln mit Eiern – über sauer eingelegte Sardinen, **Boquerones**, Tintenfisch-salat, **Ensalada de pulpos**, bis zum beliebten Russischen Salat, **Ensalada de mahonesa**, bestehend aus Wurzelgemüse, Erbsen, Eiern und Kartoffeln in viel Mayonnaise.

Rauchverbot

In öffentlichen Gebäuden herrscht Rauchverbot. Es darf nirgendwo mehr geraucht werden, wo es Öffentlichkeit gibt, erst recht nicht auf oder in der Nähe von Kinderspielplätzen.

Feiertage

1. Januar: Neujahr (*Año nuevo*), 6. Januar: Dreikönigsfest (*Los Reyes Magos*), Karfreitag (*Viernes Santo*), 1. Mai: Tag der Arbeit (*Fiesta del Trabajo*) , 30. Mai: Kanaren-Tag (*Día de Canarias*), 25. Juli: Sankt-Jakob-Tag (*Santiago*), 15. August: Mariä Himmelfahrt (*Asunción*), 12. Oktober: Nationalfeiertag (Entdeckung Amerikas/*Día de la Hispanidad*), 1. November: Allerheiligen (*Todos los Santos*), 6. Dezember: Tag der Verfassung (*Día de la Constitución*), 8. Dezember: Mariä Empfängnis (*Inmaculada Concepción*), 25./26. Dez.: Weihnachten (*Navidad*). Während der *Semana Santa*, der ›heiligen Woche‹ vor **Ostern**, und in der Woche danach finden religiöse Feierlichkeiten statt.

Festivals und Events

Feste

Januar

Arrecife, *Cabalgada de los Reyes* (5.1.): Umzug der Heiligen Drei Könige, die auf Dromedaren durch die Stadt ziehen.

Drei lanzaroteñische Schönheiten in traditioneller Tracht

Februar/März

Arrecife, **Teguise** u.v.m., *Karneval*: Fröhlichlaute Umzüge werden in Teguise und an der Playa Blanca veranstaltet. In Arrecife endet der Karneval am Aschermittwoch mit dem Umzug ›Begräbnis der Sardine‹. In Puerto del Carmen zieht die Karnevalsprozession erst am Samstag nach Karneval die Küste entlang.

März/April

Arrecife, **Puerto del Carmen** u.v.m., *Semana Santa*: Feierliche Prozessionen auf der gesamten Insel.

Mai

Montaña Blanca, Patronatsfest der *María Auxiliadora* (24.5.)

La Santa, *Ironman Lanzarote* (www.ironmanlanzarote.com), *Canarias Triathlon*.

Mai/Juni

Arrecife, **Haría**, *Día del Corpus Cristi*: Zu Fronleichnam werden bunte Bilderteppiche aus eingefärbtem Meersalz auf die Straßen gestreut, über die dann die Prozessionen verlaufen.

Juni

Güime bei San Bartolomé, Patronatsfest für *San Antonio* (13.6.)

Haría, *San Juan Bautista*, (24.6.): Musik und Tanz für Johannes den Täufer, den Schutzheiligen von Hária.

Máguez, Patronatsfest für *San Pedro* (29.6.): Theater und Musik.

Juli

Femés, Patronatsfest für *San Marcial de Rubicón* (7.7.): Feierlichkeiten zu Ehren des Schutzpatrons von Lanzarote mit Prozession und anschließendem Dorffest mit Auftritt von Folkloregruppen.

Puerto del Carmen, **Arrecife** u.v.m., *Virgen del Carmen* (16.7.): Fest für die Schutzheilige der Fischer und Seefahrer. Prozessionen zu Land und zu Wasser. Große Meeresprozession auf und vor der Insel La Graciosa. In Teguise mit Folkloregruppen, Lucha Canaria und Kunsthandwerksmesse.

August

San Bartolomé, Patronatsfest zu Ehren von *San Bartolomé* (24.8.)

Arrecife, Patronatsfest zu Ehren des *San Ginés* (25.8.): Zehntägiges Fest mit Konzerten, Tänzen, Sportveranstaltungen, u.a. einer Ruderregatta.

Haría, Fest zu Ehren der *Santa Rosa* (30.8.)

September

Yaiza, Fest zu Ehren der *Virgen de los Remedios* (8.9.)

Tiagua, Fest zu Ehren der *Nuestra Señora del Socorro* (9.9.)

Mancha Blanca, *Feria de Artesanía*: Traditionell hergestellte Waren wie Keramik, Spitzen- oder Korbflechtarbeiten auf der Kunsthandwerksmesse, dazu ein bunter Jahrmarkt.

Mancha Blanca, *Nanino Díaz Cutillas*: Größtes Folklorefestival der Insel mit Musik- und Tanzaufführungen.

Oktober

Puerto Calero, *Trofeo César Manrique* (www.trofeopuertocalero.com): Segelregatta vor der Küste Lanzarotes.

Cueva de los Verdes, *Música en los CACT* (Okt.–Dez.), www.centrosturisticos.com. Konzertreihe im Auditorium der Höhle Los Verdes.

November

Tao bei Tiagua, Fest zu Ehren des *San Andrés* (30.11.)

La Santa, *International Running Challenge* (www.clublasanta.com): Laufveranstaltung mit verschiedenen Strecken von 5 km bis Halbmarathon.

Dezember

Máguez bei Haría: Fest zu Ehren der *Santa Barbara* (4.12.)

Teguise, *Rancho de Pascua* (24.12.): Prozession, Mitternachtsmesse und Fiesta bis zum Morgen.

Klima und Reisezeit

Lanzarote kann man ganzjährig besuchen, es herrschen stets angenehme Temperaturen. Die Wintermonate mit Temperaturen um 20 °C sind mild, die Sommermonate mit bis zu knapp 30 °C nicht zu heiß. Die Wassertemperaturen bewegen sich im Sommer um die 22 °C, im Winter um die 19 °C. Wegen der niedrigen Berge fällt nur wenig Regen zwischen Oktober und März. Die ausgeglichensten Urlaubsmonate sind März bis Juli. Die Insel steht ständig im Wind, deshalb Vorsicht: Wegen der Brise merkt man die starke Sonneneinstrahlung erst mit dem Sonnenbrand.

Klimadaten Arrecife

Monat	Luft (°C) min./max.	Wasser (°C)	Sonnen-std./Tag	Regen-tage
Januar	13/21	18	6	3
Februar	13/22	18	7	2
März	14/23	17	8	2
April	14/23	17	9	1
Mai	15/23	18	9	0
Juni	16/25	20	9	0
Juli	18/28	20	9	0
August	18/29	21	9	0
September	18/29	22	7	1
Oktober	19/27	22	7	1
November	16/25	20	6	4
Dezember	14/20	19	6	5

■ Nachtleben

Spielkasino

Casino de Lanzarote, Avenida de las Playas 12, Puerto del Carmen, Tel. 928 51 50 00, www.grancasinolanzarote.com. Im einzigen Spielkasino der Insel werden amerikanisches Roulette und Black Jack gespielt. Sein Glück versuchen kann man auch an den einarmigen Banditen. Spielautomatensaal tgl. 10–4 Uhr, Spielsalon 19–4 Uhr,

Restaurant 20–2 Uhr. Personalausweis erforderlich. Kein Krawattenzwang.

Nachtclubs und Diskotheken

Für Nachtschwärmer ist **Puerto del Carmen** das richtige Ziel. Am meisten los ist dort im **Centro Comercial Atlántico** (Avda. de las Playas 37). Hier findet man etliche Pubs, Diskotheken und Nachtclubs.

Discoteca Jungle Bar, C.C. Papagayo, primera linea de Playa Dorada, Playa Blanca. Sport-Bar mit Live-Musik und viel Platz zum Tanzen.

Doblon Lanzarote, Arrecife Gran Hotel, Avda. de la Mancomunidad 1, Arrecife, www.doblonlanzarote.com. Angesagter Club.

The Island Bar, Calle Tenerife, Puerto del Carmen. Entspannte, günstige Bar mit Live-Musik. Gemischtes Publikum.

■ Sport

Drachenfliegen

Der ständige Wind auf Lanzarote ist ideal für Drachen- und Gleitschirmflieger. Ab-

Ein fairer Wettkampf

Im Sportteil der kanarischen Tageszeitungen nimmt die **Lucha Canaria** einen wichtigen Platz ein. Heute hat auch auf Lanzarote fast jedes Dorf seinen **Terrero**, die Arena für den kanarischen Ringkampf. Diese Sportart entwickelten die Altkanarier, die Guanchen.

Anstatt sich wie ihre Vorfahren einzufetten, tragen die modernen **Luchadores** spezielle Kampfkleidung. Diese besteht aus einem reißfesten Hemd und einer Hose, deren Beine bis zum Oberschenkel hochgekrempelt sind. Diese Textilrolle ist

der erste Griffpunkt für die beiden Gegner, dann geht es los: Es wird gezogen und gezerrt, gehoben und gedrückt, geschleudert und das Bein gestellt, was das Zeug hält. Fast alles ist erlaubt, nur der Kopf darf nicht in den Kampf einbezogen werden. Auch Boxhiebe, Schwitzkastengriffe und Fußtritte sind verboten. **Ziel** ist es, den gegnerischen Luchador mit Kraft und Tricks auszuhebeln. Wer als erster mit einem anderen Körperteil als den Füßen den Boden berührt, hat verloren.

Zu einem **Team** gehören zwölf Ringer, jeder tritt gegen jeden an und trägt dabei maximal drei Runden aus. Der von den Anfeuerungsrufen der begeisterten Zuschauer begleitete Wettbewerb dauert bis zu zwei Stunden.

Die Lucha Canaria wird meist am Wochenende ausgetragen, bei größeren Entscheidungen schon ab Donnerstag. Immer häufiger treten bei dieser ausgesprochen fairen Sportart auch **Damenteams** an. Über die Wettkämpfe können in fast jedem Dorf die Barbesitzer Auskunft geben.

Lanzarote gilt als sehr gutes Revier für Windsurfer

sprungrampen mit Windmesser stehen im Norden bei Órzola und Mala, bei der Ermita de las Nieves, am Barranco Maramajo, Ladera de Melo, Morro Prieto, Montaña Chimia, Las Peñas, El Cuchillo und Zonzamas, im Süden bei La Degollada, auf dem Atalaya de Femés und auf der Montaña Tinasoria. Viele Drachenflugschulen im deutschsprachigen Raum bieten spezielle Reisen für Drachen- und Gleitschirmflieger nach Lanzarote an.

Golf

Costa Teguise Golf, Avenida del Golf, Costa Teguise, 18-Loch, Tel. 928 59 05 12, www.lanzarote-golf.com

Lanzarote Golf Resort, Carretera del Puerto del Carmen, 18-Loch, Tel. 928 51 40 50, www.lanzarotegolf resort.com

Radfahren und Mountainbiking

Lanzarote gilt wegen seiner nur leicht steigenden Straßen als ideales Revier für Radfahrer. Viele Aktivurlauber bringen ihren Drahtesel selbst mit. Einige Verleiher organisieren auch geführte Touren:

Tommy's Bikes, Avda. Islas Canarias 12, Centro Comercial Las Maretas, Local 20B, Costa Teguise, Mobil-Tel. 628 10 21 77, www.tommys-bikes.com

Reiten

Lanzarote a Caballo, Carretera Arrecife–Yaiza, km 17, Tel. 928 83 00 38, www.lanzaroteacaballo.com

Segeln und Surfen

Der ständige Passatwind bietet Seglern und Windsurfern das ganze Jahr über günstige Bedingungen. Folgende Schulen sind empfehlenswert:

Surf Canarias Surf & Kite Camp, Calle Achique 14, Caleta de Famara, Tel. 928 52 85 28, www.surfcanarias.com. Wind- und Kitesurfen.

Club La Santa, Avenida Krogager s/n, Tinajo, Urbanización La Santa, Tel. 928 59 99 99, www.clublasanta.com

Windsurfing Club Las Cucharas, Calle del Marrajo, Centro Comercial Las Maretas, Local 2, Costa Teguise, Tel. 928 59 07 31, www.lanzarote windsurf.com

Tauchen

Die meisten Tauchschulen sind in den Touristenzentren Costa Teguise, Puerto del Carmen und in Playa Blanca im Süden und im Club La Santa im Norden.

Big Blue Sea Diving Centers, Calle La Tegala 20, Playa Blanca, Tel. 928 51 91 41, weitere Infos auf Facebook

Calipso Diving, Ave. de las Islas Canarias, C.C. Calipso, Local 3, Costa Teguise, Tel. 928 59 08 79, www.calipso-diving.com

Centro de Buceo Cala Blanca, Centro Comerciál El Papagayo 65–66, Playa Blanca, Tel. 928 51 90 40, www.calablancasub.com

Club La Santa, Avenida Krogager s/n, Tinajo, Urbanización La Santa, Tel. 928 59 99 99, www.clublasanta.com

Manta Diving, Juan Carlos I, 6 Local 5, Puerto Del Carmen, Tel. 928 51 68 15, http://manta-diving-lanzarote.com

Safari Diving Lanzarote, Playa de la Barilla 4 (Playa Chica), Puerto del Carmen, Tel. 928 51 19 92, www.safaridiving.com. Tauchzentrum mit internationalem Team.

Tennis

Fast alle 4- und 5-Sterne-Hotels sowie große Apartmentanlagen verfügen über eigene Tennisplätze.

Wandern

Lanzarote ist ein sehr abwechslungsreiches Wandergebiet. So kann man Touren durch die aufregend-bizarre dunkle Vulkanwelt unternehmen, auf grünen Pfaden durch das ›Tal der 1000 Palmen‹ streifen oder sich die Klippen des Famara-Gebiets erobern. Spezielle Tages- oder Wanderwochen kann man buchen über:

Alpinschule Innsbruck (ASI), In der Stille 1, A–6161 Natters/Tirol, Tel. 0043/(0)5 12/54 60 00, www.asi.at

Centro de Visitantes, bei Mancha Blanca Richtung Timanfaya, Tel. 928 11 80 42, www.reservasparquesnacionales.es. Englisch- und französischsprachige Führungen durch die Vulkanlandschaft des Timanfaya. 4–5 Tage vorher anmelden.

Lanzarote Active Club, Costa Teguise (Abholung überall auf der Insel), Mobil 650 81 90 69, www.lanzaroteactiveclub. com. Verschiedene Wandertouren und Bootsausflüge (u.a. im Chinijo-Archipel).

◼ Statistik

Lage: Lanzarote, die nordöstlichste Insel des Kanarischen Archipels, erstreckt sich zwischen dem 14. und dem 13. westlichen Längengrad sowie zwischen dem 29. und dem 28. nördlichen Breitengrad, 115 km von der afrikanischen Küste entfernt.

Zeit: WEZ, also MEZ minus 1 Std.

Verwaltung: Lanzarote ist Teil der spanischen, weitgehend autonomen Region Las Canarias. Die Gesamtregion besteht aus zwei Provinzen, den Ost- und den Westkanaren. Lanzarote gehört zusammen mit Gran Canaria und Fuerteventura zur Ostprovinz mit der Provinzhauptstadt Las Palmas de Gran Canaria. Die Insel mit ihren kleinen, nördlich vorgelagerten Eilanden ist in sieben Gemeinden eingeteilt, die selbstständigen Verwaltungsbezirken (*Municipios*) entsprechen.

Fläche: 795 km². Die max. Länge der Insel beträgt 62 km, die Breite 21 km.

Bevölkerung: Rund 142 000 Einwohner. Nach vielen Auswanderungswellen in

Mit Kirche und Kegel – architektonisch außergewöhnlich ist das Hotel Volcán in Playa Blanca

der Vergangenheit hat sich die Bevölkerungszahl dank der Arbeitsplätze im Tourismus vor allem durch Zuzug vom spanischen Festland sogar deutlich erhöht; dennoch hohe Arbeitslosigkeit.

Hauptstadt: Arrecife (55 000 Einw.).

Wirtschaft: Hauptwirtschaftszweig ist seit den 1970er-Jahren der Tourismus, gefolgt von der Landwirtschaft, die jedoch nur einen Bruchteil dessen produzieren kann, was Einheimische und Gäste benötigen. Einen wichtigen Anteil an der Landwirtschaft hat die Ziegenhaltung, speziell die Ziegenkäse-Produktion. Auch die Weine Lanzarotes sind bekannt.

■ Unterkunft

Camping

Camping de Papagayo, Playa Blanca, **Genehmigung: Ayuntamiento de Yaiza**, Tel. 928 83 62 20. 2000 Plätze, je zur Hälfte für Campingwagen und Zelte. Gezeltet werden darf ab der Osterwoche bis zum 30. September.

Camping de San Juan, Famara, **Genehmigung:** Gemeinde Teguise, Área de Medio Ambiente, Tel. 928 84 50 01. 100 Plätze. Juni bis September.

El Camping de Salado, La Graciosa, Tel. 928 84 20 00. **Genehmigung über:** Centro Isla de la Graciosa, Costa Teguise, Tel. 928 59 29 56, oder über das Internet, www.reservasparquesnacionales.es

Hotels und Apartments

Die meisten Hotels und Apartmentanlagen findet man an der Südostküste in Puerto del Carmen und Costa Teguise sowie in Playa Blanca im äußersten Süden. Dort dominieren große Anlagen, Pensionen und Privatzimmer sind selten.

Die Hotel-Infrastruktur ist sehr gut, Urlauber finden in jeder Kategorie bzw. Preisklasse ein passendes Quartier und selbstverständlich auch immer mehr All-Inclusive-Angebote.

Ferien auf dem Lande

Wer seinen Urlaub abseits der großen Tourismuszentren verbringen möchte, kann **Turismo Rural** buchen, Urlaub auf Landgütern, die größtenteils zu Hotels umgebaut wurden.

Ferienwohnungen auf dem Land vermitteln u. a.

Fincas Lanzarote, www.lanzarote-finca.com

Top Rural, www.toprural.it

La Tiñosa Viajes, Calle Jameos 9, Puerto del Carmen, Tel. 928 51 22 49, www.latinosa.com

■ Verkehrsmittel im Land

Bus

Busse (*Guaguas*) zählen zu den Hauptverkehrsmitteln der Urlauber. Von den Touristenzentren aus, vor allem ab Puerto del Carmen und Costa Teguise, bestehen gute Verbindungen nach Arrecife. Von dort gibt es Anschlüsse nach Yaiza, Tinajo und Haría. Die Haltestellen (*Paradas de autobuses*) erkennt man an der auf den Asphalt gepinselten Aufschrift BUS.

Mietwagen

Für Mitglieder bietet die **ADAC Autovermietung** günstige Konditionen an. Buchungen über www.adac.de/autover mietung, die ADAC Geschäftsstellen oder unter Tel. 089/76 76 20 99.

Der Führerschein muss mindestens ein Jahr alt, der Fahrer über 21 Jahre sein. Autos aller Klassen erhält man am Flughafen und in den Urlaubszentren. Es empfiehlt sich ein Preisvergleich, da ein höherer Tagessatz oft Haftpflichtversicherung, Vollkasko, Insassenversicherung und Mehrwertsteuer beinhaltet. Bei günstigeren Tagessätzen kommen diese Kosten hingegen meist noch hinzu.

Vor Vertragsabschluss sollte das Reifenprofil geprüft werden. Das Fahrzeug wird gerne mit fast leerem Tank übergeben, sodass man sich zuerst mit Benzin versorgen muss. Also unbedingt den Stand der Tankanzeige auf dem Vertrag vermerken lassen, sonst zahlt man eventuell bei der Rückgabe drauf.

Taxi

Die Fahrzeuge tragen am Nummernschild die Buchstaben SP *(servicio público)* und ein grün beleuchtetes Dachschild. Es kostet nicht viel, sich auf Lanzarote ein Taxi zu mieten. Die Wagen fahren mit Taxameter, oder man handelt am besten bei längeren Touren einen entsprechenden Pauschalpreis aus.

Sprachführer
Spanisch für die Reise

▨ Das Wichtigste in Kürze

Ja/Nein	*sí/no*
Bitte/Danke	*por favor/gracias*
In Ordnung!/	*¡Está bien!/*
Einverstanden!	*¡De acuerdo!*
Entschuldigung!	*¡Perdón!*
Wie bitte?	*¿Cómo dice/dices?*
Ich verstehe Sie nicht.	*No le entiendo.*
Ich spreche nur	*Hablo sólo un poco*
wenig Spanisch.	*de español.*
Können Sie mir	*¿Puede ayudarme,*
bitte helfen?	*por favor?*
Das gefällt mir (nicht).	*(No) Me gusta.*
Ich möchte ...	*Quisiera ...*
Haben Sie ...?	*¿Tiene Usted ...?*
Gibt es ...?	*¿Hay ...?*
Wie viel kostet das?	*¿Cuánto cuesta?*
Wie teuer ist ...?	*¿Qué precio tiene ...?*
Kann ich mit Kredit-	*¿Puedo pagar con la*
karte bezahlen?	*tarjeta de crédito?*
Wie viel Uhr ist es?	*¿Qué hora es?*
Guten Morgen!	*¡Buenos días!*
Guten Tag!	*¡Buenos días!/*
	¡Buenas tardes!
Guten Abend!	*¡Buenas tardes!*
Gute Nacht!	*¡Buenas noches!*
Hallo!/Grüß Dich!	*¡Hola!/¿Qué tal?*
Wie ist Ihr Name, bitte?	*¿Cómo se llama*
	Usted, por favor?
Mein Name ist ...	*Me llamo ...*
Ich bin Deutsche(r).	*Soy aleman(a).*
Ich komme aus	*Soy de Alemania.*
Deutschland.	

Wie geht es Dir/Ihnen?	*¿Qué tal/está Usted?*
Auf Wiedersehen!	*¡Adiós!*
Tschüs!	*¡Hasta luego!*
Bis bald!	*¡Hasta pronto!*
Bis morgen!	*¡Hasta mañana!*
gestern/heute/morgen	*ayer/hoy/mañana*
am Vormittag/	*por la mañana/*
am Nachmittag	*por la tarde*
am Abend/	*por la tarde/*
in der Nacht	*por la noche*
um 1 Uhr/2 Uhr usw.	*a la una/a las dos ...*
um ... Uhr 30	*a la/las ... y media*
Minute(n)/Stunde(n)	*minuto(s)/hora(s)*
Tag(e)/Woche(n)	*día(s)/semana(s)*
Monat(e)/Jahr(e)	*mes(es)/año(s)*
heiß/kalt	*caliente/frio*
gutes Wetter/	*buon tiempo/*
schlechtes Wetter	*mal tiempo*

▨ Wochentage

Montag	*lunes*
Dienstag	*martes*
Mittwoch	*miércoles*
Donnerstag	*jueves*
Freitag	*viernes*
Samstag	*sábado*
Sonntag	*domingo*

▨ Monate

Januar	*enero*
Februar	*febrero*
März	*marzo*
April	*abril*
Mai	*mayo*
Juni	*junio*
Juli	*julio*
August	*agosto*
September	*septiembre*
Oktober	*octubre*
November	*noviembre*
Dezember	*diciembre*

▨ Zahlen

0	*zero*	19	*diecinueve*
1	*uno*	20	*veinte*
2	*dos*	21	*veintiuno, -a*
3	*tres*	22	*veintidós*
4	*cuatro*	30	*treinta*
5	*cinco*	40	*cuarenta*
6	*seis*	50	*cincuenta*
7	*siete*	60	*sesenta*
8	*ocho*	70	*setenta*
9	*nueve*	80	*ochenta*
10	*diez*	90	*noventa*
11	*once*	100	*cien, ciento*
12	*doce*	200	*doscientos, as*
13	*trece*	1 000	*mil*
14	*catorce*	2 000	*dos mil*
15	*quince*	10 000	*diez mil*
16	*dieciséis*	1000 000	*un millón*
17	*diecisiete*	½	*medio*
18	*dieciocho*	¼	*un cuarto*

▨ Maße

Kilometer	*kilómetro(s)*
Meter	*metro(s)*
Zentimeter	*centímetro(s)*
Kilogramm	*kilogramo(s)*
Pfund	*medio kilo*
Gramm	*gramo(s)*
Liter	*litro(s)*

Unterwegs

Nord/Süd/West/Ost	norte/sur/oeste/este
oben/unten	arriba/abajo
geöffnet/geschlossen	abierto/cerrado
geradeaus/	derecho/
links/	a la izquierda/
rechts/	a la derecha/
zurück	atrás
nah/weit	cerca/lejos
Wie weit ist das?	¿A qué distancia está?
Wo sind die	¿Dónde están los
Toiletten?	aseos?
Bitte, wo ist	Por favor, ¿dónde
die (der) nächste ...	está ...
Telefonzelle/	la cabina telefónica/
Bank/Polizei/	el banco/la policía/
Post/	el correo/
Geldautomat?	el cajero automático
	más cerca?
Wo ist ...	¿Dónde está ...
der Hauptbahnhof/	la estación central/
die Busstation/	la estación autobus/
der Flughafen?	el aeropuerto?
Wo finde ich ...	¿Dónde está ...
eine Apotheke/	una farmacia/
eine Bäckerei/	una panadería/
Fotoartikel/	los artículos
	fotográficos/
ein Kaufhaus/	unos grandes
	almacenes/
ein Lebensmittel-	un supermercado/
geschäft/	
den Markt?	el mercado?
Ist das der Weg/	¿Es éste el camino/
die Straße nach ...?	la carretera a ...?
Ich möchte mit ...	Quisiera ir en ...
dem Zug/dem Schiff/	tren/barco/
der Fähre/	ferry/
dem Flugzeug	avión
nach ... fahren.	a ...
Gilt dieser Preis für	¿Es el precio de
Hin- und Rückfahrt?	ida y vuelta?
Wie lange gilt das	¿Hasta cuándo está
Ticket?	válido el billete?
Wo ist das	¿Dónde está
Fremdenverkehrsamt/	la oficina de turismo/
ein Reisebüro?	una agencia de viajes?
Ich benötige eine	Necesito una habita-
Hotelunterkunft	ción en un hotel.
Wo kann ich mein	¿Dónde puedo dejar
Gepäck lassen?	mi equipaje?

Notfälle

Ich möchte eine	Quisiera hacer
Anzeige erstatten	una denuncia.
Man hat mir ...	Me han robado ...
Geld/die Tasche/	dinero/el bolso/
die Papiere/	los documentos/
die Schlüssel/	las llaves/
den Fotoapparat/	la cámera/

den Koffer/	la maleta/
das Fahrrad gestohlen.	la bicicleta.
Verständigen Sie bitte	Por favor, informe al
das Deutsche Konsulat.	Consulado Alemán.

Freizeit

Ich möchte ein ...	Quisiera alquilar ...
Fahrrad/	una bicicleta/
Motorrad/	una motocicleta/
Surfbrett/	una tabla de surf/
Mountainbike/	un mountain bike/
Boot mieten.	un barco.
Gibt es ein(en) ...	¿Hay en la cercanía ...
Freizeitpark/	un parque de
	atracciones/
Freibad/	una piscina pública/
Golfplatz in der Nähe?	un campo de golf?
Wo gibt es die nächste	¿Dónde hay una posi-
Bademöglichkeit?	bilidad de bañarse?
Wo ist der nächste	¿Dónde está la
Strand?	playa más cerca?
Wann hat ... geöffnet?	¿Qué horario tiene ...?

Bank, Post, Telefon

Brauchen Sie meinen	¿Necesita Usted mi
Ausweis?	carnet de identidad?
Wo soll ich	¿Dónde tengo que
unterschreiben?	firmar?
Wie lautet die	¿Cómo es el prefijo
Vorwahl für ...?	de…?
Wo gibt es ...	¿Dónde puedo
	conseguir ...
Telefonkarten/	tarjetas para
	el teléfono/
Briefmarken?	sellos?

Tankstelle

Wo ist die nächste	¿Dónde está la
Tankstelle?	gasolinera
	más cerca?
Ich möchte ... Liter ...	Quisiera ... litros de ...
Super/Diesel	gasolina super/diesel
bleifrei.	gasolina sin plomo.
Volltanken, bitte!	¡Lleno, por favor!
Bitte prüfen Sie ...	Controle por favor ...
die Bremsen/	los frenos/
den Reifendruck/	la presión de los
	neumáticos/
den Ölstand/	el nivel del aceite/
den Wasserstand/	el nivel del agua/
das Wasser für die	el agua para
Scheibenwischanlage/	el lavaparabrisas/
die Batterie.	la batería.
Würden Sie bitte ...	¿Podría ...
den Ölwechsel	cambiar el aceite/
vornehmen/	

den Radwechsel vornehmen/	cambiar la rueda/
die Sicherung austauschen/	cambiar el fusible/
die Zündkerzen erneuern/	cambiar las bujías/
die Zündung nachstellen/	ajustar el encendido/
den Wagen waschen?	lavar el coche?

Panne

Ich habe eine Panne.	Tengo una avería.
Der Motor startet nicht.	El motor no arranca.
Ich habe die Schlüssel im Wagen gelassen.	Dejé las llaves en el coche.
Ich habe kein Benzin/Diesel.	No tengo gasolina/diesel.
Können Sie mir einen Abschleppwagen schicken?	¿Podría usted enviarme un coche grúa?
Gibt es hier in der Nähe eine Werkstatt?	¿Hay algún taller por aquí cerca?
Können Sie den Wagen reparieren?	¿Puede Usted reparar el coche?
Bis wann?	¿Para cuándo?

Mietwagen

Autovermietung	Alquiler de coches
Ich möchte ein Auto mieten.	Quisiera alquilar un coche.
Was kostet die	¿Cuánto cuesta el
pro Tag/	por día/
pro Woche/	por semana/
mit unbegrenzter km-Zahl/	con kilometraje ilimitado/
mit Kaskoversicherung/	con seguro ›casco‹/
mit Kaution?	con depósito?
Wo kann ich den Wagen zurückgeben?	¿Dónde puedo devolver el coche?

Unfall

Hilfe!	¡Ayuda!/¡Socorro!
Achtung!/Vorsicht!	¡Atención!/¡Cuidado!
Rufen Sie bitte schnell ...	Por favor, llame en seguida ...
einen Krankenwagen/	una ambulancia/
die Polizei/	a la policía/
die Feuerwehr.	a los bomberos.
Es war (nicht) meine Schuld.	(No) Fue culpa mía.
Geben Sie mir bitte Ihren Namen und Ihre Adresse.	Por favor, darme su nombre y dirección.
Ich brauche die Angaben zu Ihrer Autoversicherung.	Necesito los datos de su seguro.

Krankheit

Können Sie mir einen guten Deutsch sprechenden Arzt/ Zahnarzt empfehlen?	¿Puede recomendarme un buen médico/dentista que hable alemán?
Wann hat er Sprechstunde?	¿A qué hora tiene su consulta?
Wo ist die nächste Apotheke?	¿Dónde está la farmacia más próxima?
Ich brauche ein Mittel gegen ...	Necesito un medicamento contra ...
Durchfall/	la diarrea/
Halsschmerzen/	dolor de garganta/
Fieber/	la fiebre/
Insektenstiche/	las picaduras de insectos/
Verstopfung/	el constipado/
Zahnschmerzen.	dolor de muelas.

Hotel

Können Sie mir ein Hotel/eine Pension empfehlen?	¿Podría recomendarme un hotel/ una pensión?
Ich habe bei Ihnen ein Zimmer reserviert.	He reservado aquí una habitación.
Haben Sie ...	¿Tiene Usted ...
ein Einzel-/	una habitación individual/
Doppelzimmer ...	doble ...
mit Bad/Dusche/	con baño/ducha/
für eine Nacht/	para una noche/
für eine Woche/	para una semana/
mit Blick aufs Meer?	con vista al mar?
Was kostet das Zimmer mit ...	¿Cuánto cuesta la habitación con ...
Frühstück/	desayuno/
Halbpension/	media pensión/

Hinweise zur Aussprache

c	vor ›a, o, u‹ wie ›k‹, Bsp.: casa, caja
c	vor ›e‹ und ›i‹ ähnlich dem englischen ›th‹, Bsp.: gracias
ch	wie ›tsch‹, Bsp.: leche
g	vor ›e‹ und ›i‹ wie ›ch‹, Bsp.: gente
gue, gui	wie ›ge, gi‹ ,also mit stummem ›u‹, Bsp.: guitarra, guiso
h	ist immer stumm
j	wie ›ch‹, Bsp.: jamón
ll	wie ›lj‹, Bsp.: tortilla
ñ	wie ›nj‹, Bsp.: niño
que, qui	wie ›ke, ki‹, also mit stummem ›u‹, Bsp.: queso
v	wie ›b‹, Bsp.: via, vino
z	ähnlich dem englischen ›th‹, Bsp.: tenaz

Vollpension?	pensión completa?
Kann ich mit Kredit-karte bezahlen?	¿Puedo pagar con la tarjeta de crédito?
Haben Sie ein Faxgerät/ Internetzugang/ einen Hotelsafe?	¿Tiene Usted ... un fax/ acceso al internet/ una caja fuerte?
Wie lange gibt es Frühstück?	¿Hasta qué hora se sirve el desayuno?
Ich möchte um ... geweckt werden.	Quisiera que me despierten a la(s) ...
Ich reise heute Abend/ morgen früh ab.	Saldré esta noche/ mañana temprano.

🟨 Restaurant

Wo gibt es ein gutes Restaurant/ ein günstiges Restaurant?	¿Dónde hay un buen restaurante/ un restaurante economico?
Die Speisekarte/ Getränkekarte, bitte.	¡La carta/ la lista de bebidas, por favor!
Welches Gericht können Sie besonders empfehlen?	¿Qué plato puede Usted recomendarme especialmente?
Ich möchte das Tagesgericht/ Menü (zu ...)	Quisiera el plato del día/ el menú (de ...).
Ich möchte nur eine Kleinigkeit essen.	Quisiera comer poca cosa.
Haben Sie vegetarische Gerichte?	¿Hay platos vegetarianos?
Haben Sie offenen Wein?	¿Hay un vino de la casa?
Welche alkoholfreien Getränke haben Sie?	¿Qué bebidas sin alcohol tiene?
Haben Sie Mineralwasser mit/ ohne Kohlensäure?	¿Tiene agua mineral con/sin gas?
Das Steak bitte ... englisch/ medium/ durchgebraten.	El bistec ... casi crudo/ medio/ bien hecho, por favor.
Können Sie mir bitte ... ein Messer/ eine Gabel/ einen Löffel geben?	Por favor, ¿puede darme ... un cuchillo/ un tenedor/ una cuchara?
Die Rechnung, bitte/ Bezahlen, bitte!	¡La cuenta, por favor!

🟨 Essen und Trinken

Abendessen	cena
Ananas	piña
Apfel	manzana
Aubergine	berenjena
Banane	plátano
Bier	cerveza
Birne	pera
Blutwurst	morcilla
Braten	asado
Brot/Brötchen/Toast	pan/panecillo/tostada
Butter	mantequilla
Ei	huevo
Eintopf	cocido
Eiscreme	helado
Erdbeere	fresa
Espresso	café solo
Espresso mit Milch	cortado
Essig	vinagre
Fisch	pescado
Flasche	botella
Fleisch	carne
Fruchtsaft	zumo de frutas
Frühstück	desayuno
Geflügel	aves
Gemüse	verdura
Glas	copa/vaso
Gurke	pepino
Huhn	pollo
Hummer	bogavante
Kalbfleisch	carne de ternera
Kaninchen	conejo
Karamelpudding	flan
Kartoffeln	patatas
Käse	queso
Krug/Karaffe	jarra
Meeresfrüchte	mariscos
Milch	leche
Milchkaffee	café con leche
Mineralwasser	agua mineral
Mittagessen	almuerzo
Nachspeisen	postres
Öl	aceite
Oliven	aceitunas
Omelett	tortilla
Orangensaft	zumo de naranja
Pfeffer	pimienta
Pflaumen	ciruelas
Pilze	hongos/setas
Reis	arroz
Rindfleisch	carne de vaca
Salat	ensalada
Salz	sal
Schinken	jamón
Schweinefleisch	carne de cerdo
Suppe	sopa
Süßigkeiten	dulces
Tee	té
Thunfisch	atún
Vorspeisen	entremeses
Wassermelone	sandía
Wein	vino ...
Weißwein/ Rotwein/ Roséwein	blanco/ tinto/ rosado
Weintrauben	uvas
Zucker	azúcar

Register

Impressum

Herausgeber: TRAVEL HOUSE MEDIA GmbH, München
Programmleitung: Dr. Michael Kleinjohann
Verlagsleitung: Ulrich Safferling
Redaktionsleitung: Jens van Rooij
Autor: Nana Claudia Nenzel
Autor Tipps Seite 12–15: Wolfgang Rössig
Redaktion: txt redaktion & agentur, Dortmund
Bildredaktion: txt redaktion & agentur
Satz: txt redaktion & agentur
Umschlaggestaltung: independent Medien-Design, München
Karten (Umschlag): ADAC e.V., München
Karten (Innenteil): ADAC e.V.
Herstellung: Katrin Uplegger
Druck: Drukarnia Dimograf Sp z o.o. (Polen)

Ansprechpartner für den Anzeigenverkauf:
KV Kommunalverlag GmbH & Co KG,
MediaCenterMünchen, Tel. 089/92 80 96 44

ISBN 978-3-95689-161-8

Neu bearbeitete Auflage 2015
© 2015 TRAVEL HOUSE MEDIA GmbH, München
ADAC Reiseführer Markenlizenz der ADAC Verlag
GmbH & Co. KG, München
© der abgebildeten Werke von César Manrique
[S. 35, 36, 70] bei VG Bild-Kunst, Bonn 2015

Bei Interesse an maßgeschneiderten Verlagsprodukten:
veronica.reisenegger@travel-house-media.de
Tel. 089/450 00 99 12

Ein Unternehmen der
GANSKE VERLAGSGRUPPE

Bildnachweis

Titel: Kaktusgarten in Guatiza von César Manrique
Foto: **Look** (Sabine Lubenow)

Rücktitel: links: **Shutterstock** (Pawel Kazmierczak);
rechts: **Shutterstock** (Pawel Kazmierczak)

Titel Faltkarte: Typische weiße Häuser auf Lanzarote
Foto: **Shutterstock** (Oleg Znamenskiy)

Gottfried Aigner: alle nicht anderweitig verzeichneten Abbildungen – **Aquarium de Costa Teguise:** 32 – **Club La Santa:** 93.1 (Átila Sbruzzi) – **Arco Images:** 2.1 (Wh.), 98/99 (R.Wittek) – **awl Images:** 78/79 (Sabine Lubenow) – **bab.ch:** 45.2 (Wrba) – **F1 online:** 2.2 (Wh.), 90 (Stuart Pearce/AGE) – **Franz Marc Frei:** 5.1 (Wh. von 113), 11.1, 46, 58/59, 102.2, 112, 113 – **Bildagentur Huber:** 8.1, 22/23, 41, 106, 122/123 – **Imago:** 45.1 – **laif:** 48 (Marc Dozier), 64, 102.1 (Theodor Barth), 69 (Andreas Hub) – **Look:** 3.2 (Wh.), 6 (Jürgen Richter), 3.4 (Wh.), 44 (N.N.), 81 (Terra Vista), 84/85 (age fotostock), 114 (Hauke Dressler) – **mauritius images:** 2.4 (Wh.), 16, 42 (Wh.) (imagebroker), 3.1 (Wh.), 86.1 (Zaglitsch/imagebroker), 3.3 (Wh.), 67 (N.N.), 35 (Hans-Peter Merten), 36 (Widmann), 39 (Urs Flüeler), 70 (age), 104/105 (Siepmann/imagebroker), 110/111 (Kreder/imagebroker), 119 (Moni/imagebroker) – **Hans Georg Roth:** 5.4 (Wh.), 72/73, 74/75 – **Paul Schäfer:** 82, 83, 88/89, 89 – **Shutterstock:** 5.2 (Wh.), 11.2, 30/31, 40.1, 50, 80/81, 116/117, 134 (Pawel Kazmierczak), 5.3 (Wh.), 56 (Michael Thaler), 8/9, 12.1, 12.3, 14.1, 25, 45.3, 51, 100.2, 104, 109 (Jorg Hackemann), 9 (anyaivanova), 12.2 (Pikoso.kz), 13.1 (Nastya22), 13.2 (John Copland), 13.3 (tomas del amo), 14.2 (Vlad61), 14.3 (Joseph C. Salonis), 15.1 (Oleksiy Mark), 15.2 (Poznyakov), 15.3 (goodcat), 15.4, 100.1 (holbox), 21 (Oliver Hoffmann), 28, 106/107 (Joanna Zaleska), 47.2 (MRydz), 52/53, 68 (Andrey Lebedev), 54/55 (Philip Bird LRPS CPAGB), 60/61 (Kevin Eaves), 95.2 (JBDesign), 96.1 (Vitaly Titov & Maria Sidelnikova), 120 (Mildax), 133 (Mike Price) – **Hubert Stadler:** 77 – **Thomas Peter Widmann:** 87 – **Ernst Wrba:** 4.2 (Wh.), 7.1, 22, 31, 70/71, 79, 96.2, 108, 115 – **Your Photo today:** 18/19 (A1Pix/Koserowsky)